U0451993

上名校的秘密

全科高能趣味学习法

余帅 著

江苏凤凰文艺出版社

图书在版编目（CIP）数据

全科高能趣味学习法 / 余帅著. -- 南京 : 江苏凤凰文艺出版社, 2025. 5. -- （上名校的秘密）. -- ISBN 978-7-5594-9565-5
I . G791
中国国家版本馆CIP数据核字第2025DR2000号

全科高能趣味学习法

余　帅　著

责任编辑	项雷达
图书策划	马识程
特约编辑	马识程
装帧设计	东合社·安宁
责任印制	杨　丹
出版发行	江苏凤凰文艺出版社
	南京市中央路165号，邮编：210009
网　　址	http://www.jswenyi.com
印　　刷	唐山富达印务有限公司
开　　本	690毫米×980毫米　1/16
印　　张	13
字　　数	130千字
版　　次	2025年5月第1版
印　　次	2025年5月第1次印刷
书　　号	ISBN 978-7-5594-9565-5
定　　价	58.00元

江苏凤凰文艺版图书凡印刷、装订错误，可向出版社调换，联系电话025-83280257

目 录

·001·—·016·

从编故事到角色扮演，揭秘趣味学习语文的诀窍

北京师范大学　椰林　2022 级　广东省

高考语文成绩 **135** 分

·017·—·032·

将语文文言虚词编成武侠人物谱借助 AI 让王勃"穿越"来朗读《滕王阁序》

复旦大学　赵婉如　2023 级　浙江省

高考语文成绩 **137** 分

·033·—·048·

寒假用数学规律打斗地主逆风翻盘，激发兴趣告别数学恐惧症

四川大学　关思繁　2021 级　河南省

高考数学成绩 **148** 分

从贪玩到逆袭，
数学体系搭建与关键方法全分享

南京大学　陈宣融　2023 级　江苏省

高考数学成绩 **142** 分

049 — 062

从 78 分起步，
清华学姐英语逆袭学习方法大放送

清华大学　唐诗韵　2020 级　新疆维吾尔自治区

高考英语成绩 **138** 分

063 — 076

告别小聪明用"笨"方法，
解锁英语 140 分密码

武汉大学　小优　2018 级　湖南省

高考英语成绩 **140** 分

077 — 090

091 — 108

拒绝无效背书：政治中游生凭借一套独特的学习方法成功逆袭

东南大学　范宇婷　2023 级　上海市

高考政治成绩 **97** 分

109 — 128

建立记忆宫殿告别死记硬背，构建历史框架巧记历史知识

清华大学　郭泽龙　2023 级　北京市

高考文综成绩 **264** 分

129 — 146

高考地理满分，学习技巧、高效提分全解析

浙江大学　崔嘉琪　2018 级　浙江省

高考地理成绩 **100** 分

逆袭北大：
从物理不及格到理综年级第一

北京大学　孙雨馨　2019 级　北京市

高考物理成绩 **118** 分

·147·
—
·168·

你的镁（美）偷走了我的锌（心）
——原来用化学知识来表白那么酷

上海交通大学　刘俊昊　2019 级　辽宁省

高考化学 **97** 分

·169·
—
·184·

竞赛受挫后逆袭，
清华学长教你半年提分 100 + 的妙招

清华大学　柳振宇　2015 级　内蒙古自治区

全国生物竞赛银牌

·185·
—
·198·

从编故事到角色扮演，揭秘趣味学习语文的诀窍

学校：北京师范大学
姓名：椰林
2022 级　广东省　高考语文成绩 135 分

01 童年的语文启蒙——自己编写睡前故事

小时候,我最早接触的书籍是图文并茂的绘本故事书,以及《格林童话》《安徒生童话》等。绘本色彩鲜艳,故事充满童趣;而《格林童话》和《安徒生童话》则以奇幻的情节和深刻的寓意深深吸引着我。随着听睡前故事的次数增多,我逐渐不再满足于已有的故事,便开始与母亲你一言我一语地共同创作属于我们的"童话"。对我来说,语文在那时就是一连串有趣的故事。

02 小学的语文探索——开始阅读经典文学

小学时期,我开始接触一些经典文学作品。虽然不能完全理解其中的深层含意,但书中精彩的情节深深吸引了我,让我爱上了阅读。当时,班里流行书籍传阅,同学们拿到书后,会迫不及待地翻开，全神贯注地沉浸在书中的世界。由于书籍是"流动"的，每个人的阅读时间有限，大家读起来格外专注和兴奋。看完一本，紧接着就会读与同学约定好的下一本。

03 初中的语文创作——用喜欢的字或词写诗

初中时，我开始尝试创作一些表达独特生命体验的作品。闲暇时，我会写几首短诗，睡前也会天马行空地幻想。那时，我喜欢翻阅《新华字典》或者文言文词典，从中挑选几个喜欢的字或词语，以它们为中心来创作一些新的诗歌。

04 高中的语文应用——辩论队和角色扮演

在高中时期，我加入了学校的辩论队，与志同道合的同学与校友们围绕各种话题进行深入探讨。起初，我们常常纠结于字句，甚至陷入逻辑混乱的困境。带队的师兄师姐始终耐心地指导我们梳理逻辑链条，构建合适的语境，并探寻其中的因果关系。对我来说，辩论是一种享受，有时以诙谐的方式应对，有时则直接深入剖析对方的论点。在辩论备赛的过程中，我们会从历史、文化、社会等多个维度分析辩题。例如，在探讨"科技发展对人类的影响"时，有的同学关注科技进步带来的便利，而有的同学则着眼于可能引发的环境问题。我们不断尝试从不同视角审视事物，挖掘其多面性。那时的我们仿佛一群追求"形而上"的思想者，内心渴望让世界变得更美好。我们并非将辩论视为一场比赛，而是希望通过辩论使论题所代表的价值冲突和社会问题更加明晰，从而促进社会的进步。

我们的高中语文老师非常喜欢戏剧，经常带领我们进行角色扮演。即便在繁忙的高中生活中，我们也会抽出时间，排演那些穿越时空的悲欢离合。每次排演，老师都会让我们观看大量相关视频资料，以便更好地贴近角色。我们会仔细研读剧本，分析人物的性格特点和其所处的时代背景，并努力将自己置身于角色的情境之中，体会他们的情感变化和行为动机。比如，在演绎沙俄贵族的故事时，我们会思考这些贵族在面对权力、爱情和家庭时可能做出的选择。我们常常揣摩剧中人物的心理，想象自己若身处那个时代，会以怎样的口吻说出那句话。戏剧宛如人生，演得越多，我就越觉得自己仿佛也是戏剧的一部分，戏中人物的命运似乎也在某种程度上与我的生活形成某种呼应。

> **余帅说：**
> "在语文学习中，阅读理解部分极具挑战性，尤其是揣摩作者的用意和深层感情。这时，不妨借鉴椰林同学提出的'戏中人'策略，通过角色代入，想象自己成为文章的主角或作者，思考自己会如何表达情感，以及当时的情感状态。通过这样的思考，你或许能够获得新的领悟和发现。"

05 高中语文学习方法

● 读透课文

课本中的大单元前言、文下注释、文末解读、单元任务以及阅读推荐等板块，往往蕴含着重要信息。它们不仅向学生潜移默化地传授阅读技巧、鉴赏方法、文学常识和名家思想，而且与考题设置的逻辑紧密相连。

> **余帅说：**
> "教材是最佳的学习资源之一，因为考试内容往往源于对教材的提炼或改编。因此，全面而准确地掌握课本中的每一个知识点至关重要。同时，我们要学会深入分析课后习题的设计意图，理解语文教材的编排逻辑。这不仅能让我们跳出普通读者的视角，还能让

> 我们站在出题人或编者的立场思考问题，从而更深入地理解语文文章的内涵及考查要点。此外，对于课本中要求背诵的古诗词和注释里的生字词，我们也要牢记于心，熟练掌握。

在提炼课本"学习提示"知识点时，需要从特殊性和普遍性两个方面进行把握。特殊性设计文章概要、写作特点、作者的情感态度和思想内涵等；普遍性则包括文体特征、赏析技巧和写作手法等。

大单元的"课后任务"涵盖访谈、诗歌创作、田野调查、逻辑与论证方法等泛语文学习的内容。这些任务不仅能提高综合素养，还可能成为开放式考题的题干。例如："访谈法是通过访员和受访人面对面地交谈，了解受访人的心理和行为的心理学基本研究方法，请你根据××情节，使用访谈法对××人物进行提问，并结合人物的经历和性格写出回答。示例如××。"

文下"注释"帮助你了解作者和文章内容，解决生词、方言等问题，对文言文和诗歌尤为重要，提供了字词释义的权威参考。"单元前言"则明确单元学习的任务，并提出问题，引导学生在阅读的过程中主动思考。

总之，建议学弟学妹们首先明确语文书上各板块的功能和目的，据此掌握知识点，进而提升语文素养。

● **善用教辅**

对于文学类文本，教辅材料提供了与作者、主题高度相关的拓展阅读。通过了解作者的生平和写作经历，可以更准确地理解作品内涵，同时也有助于积累写作素材。对于实用型文本，教辅材料能够帮助你从整体上把握文章结构，特别是通过相关话题的练习，使你掌握实用型文本的写作技巧和思路。对于文言文和诗歌，教辅材料侧重于帮助你夯实基础知识，如字词句的翻译，并掌握赏析技巧。

余帅说：

"善于利用优质的教辅书，就如同聘请了一位专业教师为你辅导。此外，通过多种渠道积累写作素材，并在持续阅读中提升自己的阅读能力、理解能力、共情能力，以及对时代前沿信息的把握与思考，这些都有利于语文素养的提升，也是提升写作能力的关键。"

关于教辅材料的使用，应分为课前、课中、课后三个阶段：

课前使用教辅材料，首先应熟悉作者，教辅材料会提供该作者的其他文章和本文的写作背景。接着进行通读扫盲，然后解决课文的层次划分问题，做好层次概括。划分层次应根据人物情感变化、故事发展走向，或者时间空间顺序，以及分析问题、提出论点、做出阐释的逻辑。

课中使用教辅材料，则应跟随老师深入挖掘课文。

课后使用教辅材料，首先要回顾老师分析课文的逻辑，在此基础上对比教辅材料分析课文的逻辑，构建你自己的分析框架；然后利用教辅材料复习核心写作手法、写作及语言风格、赏析技巧、类型归属；最后同步使用教辅材料和课本，做好笔记和素材摘抄（可将课文人物、语言素材用于作文）。

● **积累素材**

将素材运用得出神入化并非一蹴而就，而是需要在日常学习中不断积累和提升。

在这里给大家推荐两个公众号：

一是，"人民日报评论"。建议重点关注"睡前聊一会儿"栏目，该栏目围绕社会热点话题撰写时事评论。通过日常阅读，我们可以学习其挖掘问题的方法，剖析议题的底层逻辑，以及明晰文章的写作结构。这个栏目不仅能让我们了解社会热点话题，还帮助我们提升议论文写作能力，可谓一举两得。

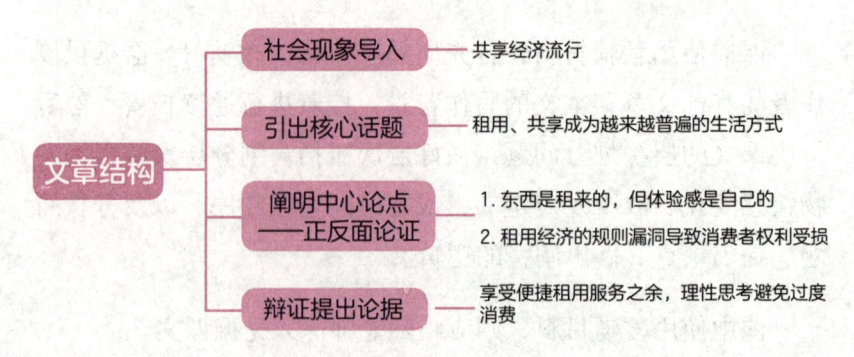

文章结构		
	社会现象导入	共享经济流行
	引出核心话题	租用、共享成为越来越普遍的生活方式
	阐明中心论点——正反面论证	1. 东西是租来的，但体验感是自己的 2. 租用经济的规则漏洞导致消费者权利受损
	辩证提出论据	享受便捷租用服务之余，理性思考避免过度消费

图1

图1是对"共享经济"话题文章的结构分析，供大家参考。建议大家连续坚持一周分析话题作文，以培养写作思维和逻辑能力。

二是，人物。关注典型个人的特写报道，将社会各行各业中真实而立体的人呈现在你面前，让你能够了解社会某一群体的生存现状。平时阅读时，要侧重于拓宽视野、提升共情力，并了解当下社会现状。

此外，还可以充分利用互联网资源。如今，自媒体上有许多达人讲解名家、诗歌、经典哲学议题、电影、名画和建筑等内容，这些资源能为你的语文学习增添更多乐趣。当然，积累素材的最佳方法仍然是直接阅读书籍，但需根据自身时间安排灵活选择。

06 专题篇

● 文言文

文言文学习的重点仍在于识记和背诵字词含义。如果明确字义和词义，并结合历史知识和对中国传统文化思想的理解，我们就能做到"文义皆通"。在此基础上，断句划分会变得自然顺畅，同时还能根据上下文推测出大多数古代文化常识。

在识记字词时，可以采用语例、归类、说文解字、成语等方法来强化记忆。例如，通过语例法，可以归纳一个字或词在不同的文言文句子中的用法。以"之"为例，它在"吾欲之南海"中是"去、到"的意思，在"水陆草木之花"中是"的"的意思。通过这样的方式，我们能更好地理解和记忆字词的含义。

> **余帅说：**
>
> "对于文言文的学习，我有一个实用的技巧。首先，你要对文言文字词等基础知识有大致的了解，越熟悉越好。其次，直接拿出中高考真题卷，先看题目，思考如果自己出题，针对某个字词的含义或判断题等，该如何设置正确答案或者错误答案。多研究出题的目的和结构，你会发现很多省份的出题思路大同小异。"

● **实用性文本**

我们需要多阅读相关文章，以提高阅读速度，熟悉不同文体的特征和专业性强的术语。文章的来源包括科普杂志（如地理、生物、天文）、美学书籍（如朱光潜的《谈美书简》、李泽厚的《美的历程》）、文艺评论书籍（如《文学的读法》）、语言学书籍（如《语言学概论》），以及时政思想类书籍（如《辩证唯物主义和历史唯物主义原理》《习近平新时代中国特色社会主义思想概论》）等。阅读实用性文本时，应重点掌握信息提取、概念辨析、文意概括、价值判断以及论说方式方法的把握等。

同时，我们需要警惕题干中常见的一些逻辑谬误。例如：偷换概念谬误、虚假原因谬误、偷换前提谬误、赌徒谬误、乐队花车谬误、复杂问题谬误、稻草人谬误、虚假两难等。

余帅说：

"椰林提到实用性文本里的'逻辑谬误'，不管它有多少种情况，你都应从命题人的视角去思考题目：如果是自己出题，会如何设置。久而久之，你会发现这种方式比直接做题更容易找到答案。因为语文学习的核心难点在于写作能力的提升，命题人会考虑大部分学生的知识水平，所以在出题的时候，会将题目的难易度设置得较为合理。"

● **文学类文本**

移情至关重要。首先，需设身处地地站在文中人物的视角去思考与感受；随后，从中抽离，分析"若我是他，为何会做出这样的选择"。接着，运用赏析技巧，从以下几个方面进行技巧归纳：感知与理解文学形象，品味与鉴赏文学语言，分析与把握文学结构，探寻与领悟文学意蕴，以及辨识与体会文学风格。

同时，还应广泛了解主流的文学派别与文学思想，例如魔幻现实主义、后现代主义、表现主义、象征主义等。这要求我们从作者及其所处的时代背景出发，去解读文学类文本。

相较于实用类文本，文学类文本更注重语句的理解、结构的把握、主旨的概括、形象的欣赏以及表现手法的评析等方面。以马尔克斯的《百年孤独》为例，如图2所示，可从魔幻现实主义的视角去解读书中奇幻的情节及其象征意义，深入剖析人物的形象与行为动机，品味作者独特的语言风格，掌握小说的结构与叙事手法，并领悟其中蕴含的深刻意蕴。

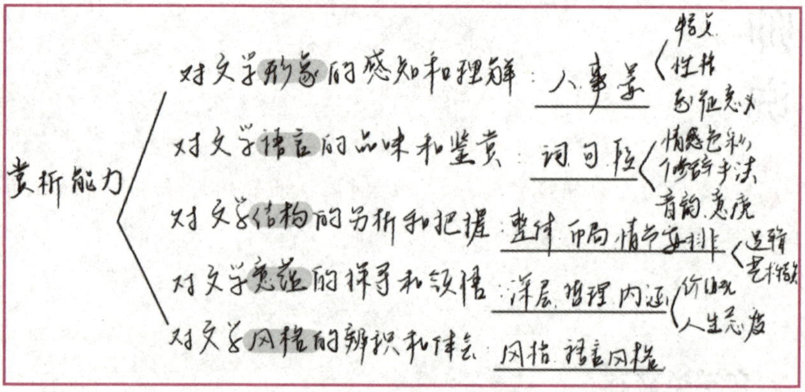

（手写笔记图示：赏析能力——对文学形象的感知和理解（人事景）涉及性格、象征意义；对文学语言的品味和鉴赏（词句段）情感色彩、修辞手法、音韵意蕴；对文学结构的分析和把握（层次、布局、情节安排）逻辑考据；对文学意蕴的体会和领悟（深层、哲理、内涵、情感、人生思考）；对文学风格的辨识和体会（风格、语言风格））

图2

> **余帅说：**
> 这类题目对一部分人来说可能稍有难度，一旦题目稍有变化，便不知如何作答。我的方法是：如果我不会做某道阅读题，就直接看答案，分析命题人的意图，以及所考查的知识点，用倒推法去理解题目。之后多做几篇类似的阅读理解，反复运用倒推法，就会逐渐发现，命题人考查的知识点大同小异，答题思路也基本一致。通过这种方法，你能很快找出出题和答题的规律。

● **语言运用**

语言运用是一类基础但极具灵活性的题型，也是取得高分的关键题型之一。确保在此类题型中不出错至关重要。平时可从以下几个方面入手：

词语与成语积累：一是积累大量词语和成语，扩充词汇量；二是理解并熟练掌握常见成语的正确用法。

语法掌握：一是深入理解并掌握语法规则；二是，运用语法知识正确组织句子，避免常见语法错误。

阅读与写作练习：一是通过大量阅读提升阅读理解能力；二是进行写作练习以增强表达能力；三是选择优秀文章进行阅读和模仿。

思维逻辑能力：一是加强思维逻辑训练，理清上下文关系；二是明确句子之间的从属、递进、因果、总结等逻辑关系。

针对性答题：一是在做题时，严格按照题干要求进行有针对性地作答；二是避免答案过于宽泛，确保精准且切题。

● **作文**

新课标Ⅰ卷

试题内容：

阅读下面的材料，根据要求写作。（60分）

好的故事，可以帮我们更好地表达和沟通，可以触动心灵、启迪智慧；好的故事，可以改变一个人的命运，可以展现一个民族的形象……故事是有力量的。以上材料引发了你怎样的联想和思考？请写一篇文章。要求：选准角度，确定立意，明确文体，自拟标题；不要套作，不得抄袭；不得泄露个人信息；不少于 800 字。

以 2023 年的语文高考作文题为例：

该题目的核心词是"好故事"。写作时需明确以下几点：

一是定义并描述"好故事"的特征；

二是解释"好故事"为何具有力量；

三是具体阐述"好故事"所带来的影响。

尽管题目的逻辑关系较为简单，但这更考验你是否能找到恰当的写作思路。重新审题会发现，它既关注个人的心智启迪和命运改变，也关注国家民族形象的展现。因此，最佳选择是将这两者融合，围绕"时代下的个人"和"时代中的国家"展开。

余帅说

"在考场上写作文时，我常因时间紧迫而仓促构思，匆忙下笔。幸运的是，一位同学向我推荐了积累素材库的方法，这让我受益匪浅。每隔一到两个月，我会认真撰写一篇高质量的作文，并请老师反复修改、提

> 出意见。作文满分为 60 分，通过这种方式，一年内我能打磨出五六篇主题鲜明且得分在 50 分以上的作文。如此坚持，三年下来，我便积累了 18 篇不同主题的优秀作文。考试时，我只需从素材库中选取一篇主题相近的作文稍作修改，便能迅速完成写作，效率极高。相比临时构思，这种方法不仅节省时间，还能避免因紧张而导致的发挥失常和错别字问题。

07 心得篇

学弟学妹们一定要树立"系统思维"，任何知识点都不是孤立存在的。你们要学会"跳出来"，搭建自己的语文学习"系统框架"，并在实践中不断完善。在"系统框架"的引导下，你不仅能明确学习方向，还能激发自己对语文学习的独特见解。

在高一和高二阶段不必急于求成，重点应放在深入研读教材上，打牢语文学习基础。同时，可以借助教辅资料来增强对知识的理解。我建议大家根据课文背后的拓展要求，多阅读相关文章并进行归类整理。

到了高三，你的应试技巧会迅速提升，老师也会带领你进行许多专题总结。因此，目前不必急于求成，也不必采取多种方法。可以阶段性地专注于某一模块的学习，然后通过考试来检验学习成果，在反馈中查漏补缺。

语文学习是一个循序渐进的过程，保持兴趣和耐心至关重要。希望以上建议能对大家有所帮助，祝大家在语文学习的道路上取得优异成绩！

将语文文言虚词编成武侠人物谱
——借助 AI 让王勃"穿越"来朗读《滕王阁序》

学校：复旦大学
姓名：赵婉如
2023级　浙江省　高考语文成绩 137 分

从小学到高中，我一直担任语文课代表，对语文有着浓厚的兴趣。我的语文成绩长期稳定在年级前十名，如今我如愿以偿地考入复旦大学中文系攻读研究生。在此，我想分享一下我的语文学习方法和保持热爱的秘诀。

记得小学三年级时，我在图书馆偶然翻到《城南旧事》。林海音笔下北平胡同里的蝉鸣声仿佛穿透纸页，让我第一次感受到文字构建的平行世界。正是这份悸动，让我在阅读中养成了"三色笔记法"：用蓝色摘抄惊艳的修辞，红色批注情感共鸣点，绿色记录由此引发的联想。比如读到《赤壁赋》中的"寄蜉蝣于天地"时，我会用绿笔写下："想到《逍遥游》中的朝菌晦朔，生命维度的诗意对照。"这种与文本对话的习惯，让枯燥的文言文变成了跨越千年的笔友来信。

01 注重基础知识——建立个人的词汇库和语法库

语文学习需要长期的坚持和日积月累的沉淀，短时间内难以看到显著成效。很多同学认为语文学习性价比很低，甚至觉得通过阅读大量书籍来增加知识储备是浪费时间，这种想法是错误的。正所谓"不积跬步，无以至千里；不积小流，无以成江海"，语文学习是一个厚积薄发的过程，只有通过持续的积累，才能取得突破。

高考语文考点繁多，且大多与基础知识紧密相关。因此，重视基础知识的学习与积累是取得优异成绩的关键。具体策略如下：

● 深入学习课本知识和做好课堂笔记

课本是语文学习的基础，需要细致阅读每篇文章，深入理解其中的词汇、语法及句型等要素。同时，要认真听讲并做好课堂笔记，便于课后复习巩固。此外，建立个人的词汇库和语法库也非常重要。

我的语法库构建秘诀在于"场景化收纳"：将文言虚词编成武侠人物谱——"之"是轻功了得的信使（主谓间取消句子独立性），"而"是招式多变的剑客（承接/转折/修饰）。制作朝代大事记时，我借鉴了追剧模式：给每个帝王建立"人物小传"，用追星手账的形式记录他们的高光时刻和"翻车现场"。比如唐玄宗的专栏里，既有《霓裳羽衣曲》的烫金立体折页，也有安史之乱的炭笔速写。这种沉浸式记忆法让历史常识变得鲜活起来。

● **多做基础练习题**

这类练习有助于加深对基础知识的理解，强化记忆。可以选择相关的练习册或历年的高考真题进行针对性训练。

> **余帅说：**
>
> 在中考和高考中，字词积累等基础题的分值较高。由于语文是第一场考试，其考场发挥尤为重要。正如赵同学所言，多做基础练习题，并像她一样把重要知识点记录在笔记本上，切勿'临时抱佛脚'。语文的基础知识较为琐碎，因此需要'厚积分秒之功'，通过日积月累实现厚积薄发。

最后，合理安排学习内容。对于课本中的重点内容，如需要默写的文言文和古诗文，以及文言文注释中的重点实词和文学常识等，要进行反复阅读并熟练记忆，而对于非重点内容如现代文阅读部分，只需阅读一遍即可。可以利用白天的零碎时间，如早读时段、晚自习结束前的几分钟等进行学习。这些时间虽短，但只要持之以恒，定能取得显著成效。

02 多阅读——"三筛法"速读术

阅读是提升语文能力的重要途径。它不仅能拓宽我们的知识视野，还能显著增强阅读理解和分析能力，同时促进写作技巧的提升。阅读材料应涵盖多种类型，如经典文学作品、优美散文、引人入胜的小说等，多样化的选材有助于全面提升语言素养。在阅读的过程中，应有意识地积累词汇并掌握语法规则，这对于提高语言表达能力和理解复杂文本至关重要。

在信息爆炸时代，我总结出一套"三筛法"速读术：第一遍，用手机浏览电子书目录，像玩消消乐般剔除同质化内容；第二遍，快速翻阅实体书，用便签标记"金句"或"亮点"；第三遍，精读时启动"角色扮演模式"，时而化身编辑，批注文章结构和亮点，时而代入书中人物，撰写番外。比如读《百年孤独》时，我给梅尔基亚德斯的手稿设计了蒸汽朋克风格的装帧方案，这种深度介入，让阅读记忆大幅提升。

> **余帅说：**
>
> " 平时多阅读是非常必要的。首先，我们需要让大脑去适应考试时的快速阅读。就像短跑运动员若平时疏于训练，赛场上就难以适应一样，阅读也需要长期的练习。所以，我非常认同赵同学的方法：多阅读适合自己年龄阶段的书籍，既能扩大知识面，也能提高阅读的熟练度和反应能力。
>
> 其次，无论是阅读课外书还是范文，只要碰到好

> 词好句，就应立即摘抄下来。很多同学写不好作文，很可能是因为平时不积累写作素材，考试时只能临时思考，自然难以写出好文章。只有平时多积累好词佳句，勤于练习写作，才能在考场上'妙笔生花'。这正是'量变引起质变'的道理。

此外，阅读时事新闻和科技文章也极为有益。这类材料能帮助我们紧跟时代步伐，了解最新的社会和科技发展动态，有效扩展知识面，增强对不同领域话题的理解和分析能力。通过这样的阅读实践，我们能够培养更为全面而深入的阅读习惯，这对于提升整体的语文能力和综合素质具有重要意义。

以下是我推荐的三本对高中写作帮助极大的书籍：

第一本是《自由在高处》（熊培云著）。这本书对议论文写作帮助很大。书中包含了对众多社会现象的深入剖析和个人见解，篇幅适中，适合日常积累写作素材。书中的素材实用且有深度，但相对小众，能有效避免作文雷同。我习惯将这些素材记录下来，这对考前复习非常有帮助。此外，书中的思维方式契合当代高考模式，采用从"现象—看法—启示"的递进结构，文字理性且分析性强，对锻炼我的思辨能力大有裨益。

第二本是《文化苦旅》（余秋雨著）。这本书记录了作者在旅途中的所见所感及对文化的深度解读。由于作者亲身游历过所述地点，其感受格外真切深刻。余秋雨以细腻的笔触表达了对时代变迁的感慨和对文化遗失的哀痛，读来令人动容。每次阅读，我都会被其文字打动，同时也能积累丰富的历史背景和写作素材，尤其在语言表达方面，受益匪浅。

第三本是《人间词话精读》（苏缨著）。《人间词话》的原文对一些读者来说稍显晦涩，而这本精读本则广受好评，它包含对诗句的评价以及对王国维观点的深入解读，适合初学者。这本书不仅能提升读者的美学鉴赏力，还能积累众多优美的诗句和作文素材，使作文的语言表达更加凝练。

除了广泛阅读，大家还应深入研读高考高分范文，学习并运用其中的写作技巧。总结范文的亮点，掌握快速获得高分的策略。遇到好的文章结构时，可通过撰写提纲的方式来实践；遇到好词佳句，不仅要记录，还要有意识地在写作中尝试使用；遇到出色的段落，应深入分析其逻辑结构、论证方法和事例运用技巧，并有意识地在自己的写作中加以应用。

在进行广泛阅读和深入研读的同时，需要注重以下三方面的积累：

首先，积累好的论证思路，可以借鉴高分范文或语文、政治教材中逻辑性强的内容。

其次，积累优美的词语和句子，特别是四字词语，在使用多个事例进行论证时，能有效增强文章的表现力。

最后，积累简洁有力的名人故事或事例。举例论证应简洁，避免冗长叙述，以提高素材的使用效率。建议大家在积累素材时选择自己感兴趣的人物或话题，这样在实际写作时能够更加得心应手。

03 多写作——写作过程可遵循"解—压—立"

写作是高考语文的重要组成部分，也是相对容易获得高分的题型。因此，学生应通过大量写作练习，不断提升自身的写作能力。正确审题是写出优秀作文的关键，必须避免审题错误。总体而言，写作过程可遵循"解—压—立"三个基本步骤：首先深入"理解"题目主旨，接着对内容进行"压缩"提炼，最终明确"立意"。学生可以通过每日写日记、读书笔记等方法来锻炼写作能力，同时借鉴优秀作文范文进行学习和模仿。此外，参与作文竞赛等活动也能有效提升写作水平和表达能力。

我的素材库采用"时空折叠法"分类：横向按主题建立"平行宇宙"，如"逆境成长""科技伦理"等；纵向按载体设立"时间胶囊"，如"名言胶囊""案例虫洞"等。收集新素材时，我会用思维导图进行多维度链接。比如，苏轼的《定风波》既归入"豁达"的主题，又可链接到"雨"意象的"案例虫洞"。考前复习时，我会启动"记忆闪回"模式，比如看到"创新"主题，就能迅速调取三个维度的素材：商鞅城门立木（历史）、特斯拉线圈（科技）、《哪吒》IP 改编（文化）。

余帅说：

"要想写好作文，学生需要主动多看范文，多模仿，多积累。遇到任何作文考试，都要认真对待，全力以赴写好每一篇作文。无论作文成绩如何，都要请教老师，了解作文的不足之处。然后按照老师的意见进行修改，并再次请老师审阅。"

高中阶段（尤其是高二和高三）的写作以议论文为主，与初中的记叙文写作有很大的不同。议论文写作不仅要求条理清晰，还需要充分的素材支撑，如具体的事例、名人名言等。在日常学习中，建议将优秀的素材记录在本子上，便于考试前复习。对于初学者来说，在写作议论文时可采用"是什么—为什么—怎么做"的逻辑结构，或并列式结构提出分论点。

以下是我在写作中常用的模板：

开头：首先，总结提炼材料，巧妙融入富有文采的句子，吸引读者的注意力。然后直接而明确地表达核心观点。

中间：主体部分采用三段式结构，每个段落阐述一个分论点。分论点的开头尽量对称，以增强作文的美感和结构清晰度。重要的是，每个分论点都要有深入的观点分析，避免空洞的形式主义。

结尾：总结全文，首尾呼应，再次强调核心观点并深化文章主题。升华可以从个人、社会、国家等维度思考，例如，人物对个人成长的启示，个人在社会和国家发展中扮演着怎样的角色。此外，还可以从国内与国际、历史与现代的对比中深化思考。

04 精刷题——"声"临其境背诵法

语文刷题应注重质量而非数量。首先，要熟悉高中语文考试中的常见题型，例如阅读理解、写作和文言文翻译等，并针对这些题型进行专项练习。通过完成真题、模拟题和练习题，可以更好地掌握题型要求和解题技巧，从而提高解题能力。

对于选择题，建议总结高考选择题中各选项常见的错误设置点，理解常见的错误构思方式。在日常练习中，避免过度思考，始终从文本内容出发，尊重原文的逻辑。虽然批判性思维值得，但也应尊重标准答案，培养积极的思维方式，避免对自己的答案过分自信。我们并不是反对质疑精神，而是要避免在无意义的问题上浪费时间。

对于主观题，平时可以从高质量的模拟题、教材各章节的开篇语、学习提示以及高考题答案中提取答题语言，按模块进行整理和总结，并融入个人的思考，最终构建出一个系统性、有逻辑、有规范的资源库。答题时，要逻辑清晰、层次分明，培养发散性答题思维，避免单一角度的重复作答。书写答案时，注意排版美观，格式正确，突出关键信息，便于阅卷老师审阅。

针对语言文字运用和默写等题型，我建议每天背诵一些字词、成语，并且安排15分钟背诵一篇古文或一首诗词。面对佶屈聱牙的文言文，我自创了"'声'临其境背诵法"：用不同方言演绎文本，比如用吴语读《项脊轩志》，更能凸显其缠绵悱恻；为《滕王阁序》配上赛博朋克风格的BGM（背景音乐），甚至借助 AI 软件让王勃"穿越"来朗读。在记忆《过秦论》时，我将其改编成说唱（Rap）歌词："孝公据崤函之固，拥雍州之地，君臣固守以窥周室——yo！"这种打破次元壁的背诵方式，让大脑形成了多维的记忆锚点。

语文学习是一个逐步积累的过程，不能急于求成，也不能仅依赖考前的突击学习。在新学期开始时，可以准备一本基础题型的教辅资料，每天完成五六道题目，既能培养做题的手感，又能查漏补缺。

> **余帅说：**
>
> 中高考的文言文和诗词默写部分通常是从上百篇文章中抽出少量内容进行考查。如果平时没有背熟练，考试时会处于劣势。不少同学平时不重视背诵，临近考试才'临时抱佛脚'，效果可想而知。大脑的承受能力是有限的，考试涉及众多科目和知识点，短时间内很难全部掌握。因此，背诵一定要在平时下功夫。

对于文言文和古代诗词鉴赏，经过充分的阅读积累之后，理解文章大意会相对容易。真正的挑战在于如何将自己的理解与考试中的得分点有效结合。虽然答题有一些规范可循，但这些规范必须建立在深入理解文本的基础上，而不能依赖空洞的"套路"。大家可以在网络上寻找答题模板，了解答题的顺序和规范，但更重要的是要深入理解文本内容，并在此基础上运用规范的答题框架。

对于现代文阅读，如果觉得难以提分，可以尝试归纳每段的段意。如果实在没有答题思路，可以从段意中寻找与题目相符的信息。在阅读过程中，注意勾画出那些表明作者态度的关键词，提醒自己注意这些重要的细节。

同时，要总结不同题型中的答题规律。许多题型之间存在联系，可以相互借鉴。避免盲目陷入题海战术，注重做题的质量。每次考试后，大家应该针对自己的问题进行深入思考，总结类型题的特点和自身弱点，不断反思自己，提高学习效率。

05 注重细节，减少失误

高考语文考试注重考查细节和基础知识，因此关注每一个细节至关重要，以减少因疏忽造成的失误。例如，在写作时，应注意语法、拼写和标点符号的正确使用，避免因这些细节而失分。同时，时间管理也非常关键，需要合理分配时间，尽量在规定的时间内完成所有试题。

以语文考试为例，一份满分为150分的试卷，考试时间为150分钟，平均每分钟对应1分。以下是各类题型的参考时间分配：

论述性文本：9分钟；

实用类文本：12分钟；

文学类文本：15分钟；

文言文：20分钟；

古诗：10分钟；

语言文字运用：20分钟；

作文：60分钟。

总计所需时间大约为146分钟。这样的时间分配可以帮助考生更有效地管理考试时间。

对于考试中出现的错题，建议进行失分统计，以便更准确地了解自己在哪些方面存在问题，从而有针对性地进行改进和提高。

此外，卷面整洁和字迹清晰也是非常重要的细节，这能够给阅卷老师留下良好的第一印象。一手漂亮的字无疑会带来额外优势。虽然不一定要达到字帖上的完美标准，但保持字迹工整清楚，就能为试卷加分。我过去有每天练习写字的习惯，通常是写三行字，并对照字帖进行临摹，仔细揣摩每个字的间架结构和笔画细节。经过一段时间的练习，虽然我的字迹不能说非常标准，但也算是整洁清晰。推荐使用田英章的字帖进行练习，练字纸最好选择带有米字格的纸张，有助于更好地掌握字的结构。在日常书写中也应保持这种注意细节的习惯，以快速提高书写水平。

余帅说

> 关于练字，建议大家使用字帖。我自己试过，坚持一个月就能看到明显的效果。此外，赵同学的'时间分配法'也值得尝试，同学们可以在平时考试或者自己做题的时候，记录下做题时间，从而了解自己在各个板块的做题速度，并据此调整。

最后，务必重视试卷的复盘分析。试卷分析是挖掘试卷潜在价值的关键步骤。在整理错题本时，不能仅仅粘贴错题和答案，而应对其进行深入的分析。我的做法包括以下几项内容：

题目： 记录下错题的完整题目。

分析： 包括对生僻词句的分析。

相关原文： 摘录与题目相关的原文片段。

原始错答： 写下最初的错误答案，并注明得分。

错因分析： 深入分析错误的原因。

参考答案： 记录下正确的参考答案。

方法总结： 总结解题的方法，便于日后回顾。可以从一轮复习资料中查找，或者自己归纳总结。

题目类型： 标注题目的类型。

做题时间： 记录下做题所花费的时间。

建议大家将同类型的题目归类整理，定期重做（注意不要提前回想答案），并在考前回顾解题方法。

06 制订学习计划和目标——"时间琥珀"管理法

在高三最紧张的阶段,我发明了"时间琥珀"管理法:早读是凝结着文言文碎片的虫珀,课间是封存作文素材的水滴珀,晚自习则是沉淀着整张试卷的血珀。这种具象化的时间管理,让零散时间产生了聚合反应。我甚至用不同颜色的荧光笔在计划本上绘制"琥珀矿脉图",周末也能清晰地看到知识沉积的纹路。

制订学习计划和目标能够帮助你更好地安排时间、明确学习目标。你可以根据自身实际情况和学习需求,制订合理的学习计划并坚持执行,同时设定短期目标以激励自己不断进步。每天学习语文的时间无需过长,但必须保持连贯性。例如,我每天课外安排半小时学习语文,用于完成一篇阅读或写作练习,总结复盘、积累作文素材,或者背诵文学常识和需要默写的古诗文。

学习需要持之以恒,但也需要适当的休息和放松。合理安排时间既能维持良好的学习状态,保持精力充沛,又能避免因长时间学习导致的疲劳和厌倦情绪。此外,通过运动、听音乐等方式来放松身心,可以有效缓解压力,从而提高学习效率和质量。

关于语文学习,我想强调的是,学好语文与考得高分并不完全等同。学好语文意味着你具备了充足的知识储备、高水平的鉴赏力、丰富的历史文化知识以及较强的逻辑分析能力。归根结底，学好语文的关键在于多做题、多阅读、多思考。

余帅说：

"制订学习计划非常重要。学习需要有条不紊地进行。大家每天列出自己的'学习清单'，明确每项学习任务所需的时间，这样就更加有条理，目标也更清晰，避免盲目学习。这不仅适用于语文，其他科目同样需要提前制订合理的计划。"

寒假用数学规律打斗地主逆风翻盘，激发兴趣告别数学恐惧症

学校：四川大学

姓名：关思繁

2021 级　河南省　高考数学成绩 148 分

如果你也像曾经的我一样，一上数学课就犯困，一到数学考试就紧张得冒汗，大脑一片空白，数学成绩总是在中低分徘徊，那么你可以听听我的故事。

从小学开始，数学就是我的弱势科目。尽管我一直在努力，但是到高二，我的数学成绩也只能在 110 分左右徘徊。到了高三我下定决心，用这一年的时间提升数学成绩。我通过调整自己的学习心态、改进学习方法，最终在高考中数学考了 148 分。所以，请不要轻言放弃！在你停止努力之前，一切都还没有真正尘埃落定，你要相信，一切皆有可能！

01 数学恐惧症

从小学起，我的数学成绩就不好。为此，父母给我报了各类数学辅导班，可是我的成绩却始终没有明显提升。这也让我承受了极大的心理压力，甚至患上了"数学恐惧症"：一上数学课就犯困，一下课便立刻清醒；考试时，紧张得手心冒汗，即便是简单的题目也要反复计算,脑海中各种画面交替浮现,难以集中精力。如果你也有类似症状,或许你也和我一样患有"数学恐惧症"。

我自己总结"数学恐惧症"的出现主要有以下几个原因:

其一,负面经验。过去在数学学习中频繁遭遇挫折或失败,导致我对数学产生负面情绪,严重打击了自信心。

其二,外界压力。来自老师、家长或同学的过高期望,让我背上了沉重的心理负担。

其三,自我认知。我总觉得自己不擅长数学,甚至认为自己天生不适合学数学,从而否定自己的努力,觉得无论怎么努力都无济于事。

02 重视数学并非只是重视分数

"一万小时定律"告诉我们,足够的付出终将带来质变。重视数学,实现质变需从量的积累开始,从心里真正重视它。当然,注重数学并非只盯着分数。当我们努力一段时间却未能取得理想成绩时,切勿气馁。分数的提升往往具有滞后性,只有努力积累到一定程度,才会在结果中显现出来。不要让几次考试成绩定义你的数学水平。

  起初，我也经历过明明努力了一段时间，月考成绩却不理想的情况。但我并没有把成绩作为检验学习成果的唯一标准，因为我知道一时的得失并不代表最终的成败，过分纠结反倒容易迷失方向。只有从每一次经历中汲取经验、保持坚韧不拔的精神，才能不断超越自我，迈向最终的胜利。所以，当成绩不理想时，我只是短暂地感到沮丧，随后便继续按照计划学习。持续的努力最终带来了显著的进步，也让我收获了满意的成果。

余帅说：

"关同学提到的"一万小时定律"让我深有感触。以我个人的经历为例，我身材偏瘦，大学时开始健身。最初做俯卧撑时，做到第5个就脸红气喘，双手发抖。但后来我每天坚持一小时的锻炼，包括俯卧撑、仰卧起坐等。一年后，我不仅能一口气完成50个标准俯卧撑，还练出腹肌和肱二头肌。正如关同学所说，任何努力只有累积到一定程度，才会出现明显的结果。学习也是如此。"

03 培养数学兴趣——用数学思维打斗地主

兴趣是最好的老师，亦是最强大的动力。通常，我们越喜欢一个科目，就越乐意投入时间和精力去钻研。如此一来，学习就会越来越快乐，越来越有成就感，进而形成一种良性循环。

高二之前，我对数学心存畏惧，也害怕数学老师。为了克服这种恐惧，我主动向老师自荐担任数学课代表，帮助老师收发作业、批改作业，并积极与同学们一同探讨数学问题，勇敢地在课上回答老师的提问。渐渐地，我不再害怕数学课、数学老师以及数学考试。

在生活中，我也有意识地发现数学之美，以此增强自己对数学的兴趣。例如，在春节期间，我和家人玩斗地主时，通过学习算牌、拆牌的数学规律，我能在拿到一手烂牌的情况下逆风翻盘，这让我惊叹于数学的神奇，也增强了我学习数学的信心！

> **余帅说：**
>
> "不少同学数学成绩不佳，往往是因为对数学不感兴趣，或者不喜欢教这门课的老师。但无论何种原因，都不应成为逃避学习数学的借口。当你面对不喜欢的科目时，要学会克服自己的厌恶和恐惧情绪。记住，你所面临的问题都是为你量身定制的，目的是锻炼你，而且你一定是有能力去克服它们的。"

04 课前认真预习

过去，我没有固定的数学学习方法，常常是跟着老师的思路，缺少自己的思考，也没有良好的学习习惯。后来，结合老师和优秀同学的建议，我找到了适合自己的学习方法，并且养成了良好的学习习惯。只有如此，才能打好基础，为快速提升成绩积攒实力。培养习惯和打基础的过程漫长且痛苦，但是不要轻易放弃，那些看似平淡无奇的日复一日，终究会有一天让你看到坚持的意义。

在老师讲授新单元或新章节之前，我们应对内容进行预习。我的预习过程分为粗读与细读两部分，如图 3 所示。粗读主要是了解整个单元或章节的重要内容及其与前后内容的关系，进而对即将学习的部分有一个整体把握。细读则侧重于对细节的梳理，标记重要的概念、公式和法则，记录不太懂的地方，以便在上课时重点听讲。预习时间在高效无干扰的情况下，15

预习安排			
两步走	目的	重点	时间
粗读	了解整个学习阶段，力求整体把握	梳理单元或章节与前后内容的关系	15 分钟至 30 分钟
细读	细节内容梳理	对概念、公式、案例进行标注，难点做好记录	

图 3

至 30 分钟即可。

需要注意的是，预习一定要在完成当天作业和复习之后进行。因为知识点是环环相扣、层层递进的，只有掌握好前面的知识，后面的基础才会越来越牢固。在数学的日常学习中，即便时间再紧张，我也坚持预习，并在课堂上重点听标注过的内容。预习的习惯让我听课更有底气。我很享受每次预习完上课时那种胸有成竹、举一反三的从容状态。这种状态也让我的听课效率大幅提高。

余帅说：

"由于课堂时间有限，且每个人的注意力难以全程高度集中，所以你必须明确这门课的重点以及自己需要重点听的内容，这样能显著提高你的听课效率。同时，上课时注意力的分配也应科学合理。"

05 课堂——听、思、记

听课应包含听、思、记三个方面，如图 4 所示。听，即听清知识的来龙去脉，听老师提到的以及过往真题中的重点、难点以及例题和解法。思，要善于联想、类比和归纳，同时也要敢于发表看法，勇于提出问题，积极参与课堂互动。例如，当老师安排课堂演算展示时，我会主动示范。如此一来，在老师的指导下，能更清楚自己错在哪里，以及需要注意的地方。记，指的是做好课堂笔记，记录方法、疑点、要求、例题和注意事项。俗话说："好记性不如烂笔头。"只听和思考容易遗忘，而勤动笔便于回顾，能加深对知识点的理解。

> **余帅说：**
> 课堂笔记不必事无巨细地记录，否则你的笔记缺乏重点，不仅会降低课堂效率，还会增加复习负担。只需记下重点和自己不懂的地方即可。一定要抓住课堂上提问的机会，老师会针对你的问题进行专门解答和详细讲解。

听课要点		
三步走	目的	重点
听	听知识的来龙去脉	听重点、难点、例题、解法
思	思考逻辑	善用联想、类比、归纳，敢于发表看法
记	便于回顾	记方法、记疑点、记要求、记例题

图4

06 课后复习总结

——养成"今日事,今日毕"的良好习惯

我的课后复习总结主要分为短期总结与阶段性长期总结,如图5所示。短期总结着重于对课上所学知识的及时回顾,包括课堂练习、作业完成以及强化训练等。遇到不明白的地方,要及时向老师请教,养成"今日事,今日毕"的良好习惯。阶段性长期总结重点在于归纳阶段性知识。数学知识环环相扣,联系紧密。定期进行阶段性总结,如每月一次,不仅能巩固所学,还能发现知识之间的关联,做到心中有数、融会贯通。我非常注重学习总结,常从头翻阅数学课本至当前所学章节,并同步回顾错题集,以此发现自己对哪些知识掌握不牢,从而进行针对性训练。由于我之前的数学基础不够扎实,我经常利用节假日集中回顾学过的知识,复盘自己的笔记以及权威教材来构建起整个高考涉及的知识图谱,以弥补短板。

> **余帅说:**
>
> " 今日事,今日毕。在复习的过程中遇到不会的题目,第二天到校后要及时向老师和同学请教。记住,学校提供了丰富的教学资源,务必合理利用。在你求学的路上,你的老师、身边的尖子生和父母都是重要资源。如果你能充分、灵活地利用这些资源,你将获得学习以外更重要的能力——资源整合。

切记，不要把今日事拖到明日，一旦养成拖延的习惯，无论是在学习、生活、未来的工作还是感情上，你都可能成为一个拖沓的人。

总结回顾

两方面	目的	方法
短期	今日事，今日毕 巩固新知识	建立知识图谱
长期	找知识之间的联系 系统化	

图 5

07 建立个人错题集——考前必翻的宝典

个人错题集是我考前复习的必看宝典，里面汇集了我学习过程中遇到的难点和常考问题。错题集是老师们经常强调的一种学习方法。起初，我并未养成整理错题集的习惯，直到一次模拟考，恰好考了一道我曾做错的题，而我又没能答对，那时我才追悔莫及。从那以后，错题集就成了我考前必翻的宝典。在此，我简单介绍一下建立个人错题集的六个步骤，如图 6 所示：审查题目并进行分类、写出原题、写出正确答案、分析错误原因、举一反三、及时回顾。

具体来说，审查题目并进行分类是指当我看到一个错题时，先判断它考查的知识点，然后将它归类到错题集对应的知识点的位置。比如，读题后我们发现一道题属于一元一次方程问题，就把它摘抄下来或者剪贴到错题集中一元一次方程知识点的位置（在错题集中，每个知识点都要预留一定的空间，方便记录同类型错题）。

建立错题集的步骤	
步骤一	审查题目并进行分类
步骤二	写出原题
步骤三	写出正确答案
步骤四	分析错误原因
步骤五	举一反三
步骤六	及时回顾

图 6

在写出原题、写出正确答案、分析错误原因时，我会用不同颜色的笔进行标注，让错题看起来简洁明了。我通常采用周期性的方式回顾错题，一般是在考试前和每月固定的时间进行。高三一年，我的错题集积累了两大本，每本都有小标签方便快速定位知识点。在考试前，我总会仔细翻看错题集，甚至看到试卷中的题型，就能立刻联想到错题集中同类题型的解法。

> **余帅说：** "同学一定听说过不少错题整理的方法，网上也能查到相关资料。错题集是你学习过程中一个非常实用的'神器'，你需要精心打磨它，等考试来临的时候，它就能发挥巨大作用。"

08 有效刷题

经过大半年心态的调整和习惯的培养，我在高三上学期时的成绩已然稳步提升，但仍未达到很高的分数。为了突破140分，我开始增多刷题的频率和数量。刷题对快速提升成绩、训练题感有重要作用，但必须科学地进行，不能盲目或机械地刷题。

有效的刷题首先需明确目的是查漏补缺、保持题感，而非形式化、自我感动式地堆砌题量。我以前刷题时毫无思考，从头刷到尾，既不把握时间，也不关注试卷的难易程度和质量水平。随着高考临近，海量试卷涌来，如何在有限的时间里高效刷题对高三生至关重要。

对于整套试卷，我通常会先评估其题目质量，优选历年各省份的高考真题或名校模拟卷。然后，按照高考要求和时间规定去刷题。设置闹钟计时，时间到就停止。对完答案后，查看自己的得分和失分点，并把有价值的题目摘抄或粘贴到错题本上，标明考查的知识点和解题思路。倘若只刷题不回顾，很容易忘记，所以每刷到一份高质量试卷，我就会将它归类到档案袋中，隔段时间遮住答案再做一遍，检验自己是否真正掌握了。

对于专题试卷，我会针对自己的弱项有选择地刷题，重点攻克易错、难度较高的章节，减少在简单知识点上的时间投入。具体选择刷哪些专题呢？像我一样基础较差的同学，可以先找4—5张做过的真题试卷，把上面的题型分为三类：考试能稳定得分的（几乎都能做对）、考试得分不稳定的（有时做对有时做错）、从来不得分的（毫无思路）。按照这三类总结好后，把重点放在"得分不稳定"的题型上，找出对应的考点，收集几十道相关的题目集中刷，研究其考法、出题套路、解题思路和步骤，总结解题规律。把"得分不稳定"的题刷到考试时不再出错后，再去研究那些"从来不得分"的题型。循序渐进，必定会有所提升。

不同成绩水平的人，刷题策略也有所不同。不管是套卷还是专题卷，追求高分（130分以上）的同学可以更加注重难题的积累;而"求稳"的同学则要更加注重基础题的巩固,在保证基础题拿分的前提下适当拓展难题训练。

余帅说:

" 做题的目的是巩固知识点、检测你的学习成果。所以如何选题,选什么样的题,是每个同学需要重点思考的问题。

你只要用心去做了,会发现,学习并不是一件枯燥的事。它不仅让你收获知识,还能锻炼你各方面的能力。例如,如何选题、如何分配各类题目的时间、如何攻克每个考点,这些能锻炼你的整体规划能力、筛选能力和时间分配能力等。"

09 刷题误区——眼高手低

以前我刷题时常常犯一些错误。高一的时候,我刷数学试卷总是眼高手低,对会做的题就只是看看,不动笔去写。这导致在实际考试过程中,本该拿到的分数却丢了。同时,我也没有及时总结做过的题,所以再次遇到类似题目时没什么印象,既浪费时间,成绩也没有提升。

对于刷题的人来说，还有一个常见的误区就是只注重背公式，而轻视对公式概念、性质的理解。以前我花了很长时间背公式，但做题时依然不会，无法举一反三。所以在刷题时一定要把握题目的思路和实质，避免为刷题而刷题。

> **余帅说：** 不少同学靠感觉和运气做对了题，却没有真正理解其解题思路，一旦题型稍有变化，就不会做了。所以，在做题的过程中，一定要彻底理解题目考的知识点、出题思路、解题思路。只有这样，你才能触类旁通，举一反三。

10 放平心态——安静下来去做自己的事

诚然，与那些数学成绩一直优秀的同学相比，我并非一个稳定发挥的选手。高考中能拿到 148 分的成绩，除了得益于基础知识体系的重构和一些运气，更重要的是良好的心态。尤其是到了高三后期，同学们的知识水平已基本定型，心态对考试结果的影响愈发显著。这也是有些同学成绩起伏不定的原因——除了知识体系不完善，面对成绩和排名的波动，无法泰然处之。在众多学科中，数学的变数相对较大，试卷难易程度的变化、考查方式的差异或者题型的创新，都可能影响同学们的心态，进而影响考试结果。

为了保持一颗平和之心，我会在日常学习中不断锻炼自己。面对令人心烦焦虑的事情时，我会把它写在纸上，放到一个小盒子里，象征性地搁置，然后重新回归到学习中。同时，我也经常给自己写一些鼓励的话，不断给自己积极的心理暗示：稳住，能行。久而久之，我总能在学习过程中保持淡定、从容、平和的状态。面对成绩波动，当成绩提升时，我会告诉自己不要骄傲；遇到成绩下滑时，我也会告诉自己没关系，避免陷入沮丧。其实，无论成绩好坏，都会带来情绪和心态波动。保持平和之心，意味着只专注于完善知识体系，以长期主义的视角看待当下发生的事情。

最后，我想分享一句让我平静且备受鼓舞的话：无人问津也好，技不如人也罢。你都要安静下来去做自己的事，而不是让内心的烦躁、焦虑，消磨你原本就稀缺的热情和定力。昨日之深渊，今日之浅谈。路虽远，行则将至；事虽难，做则可成。

从贪玩到逆袭，数学体系搭建与关键方法全分享

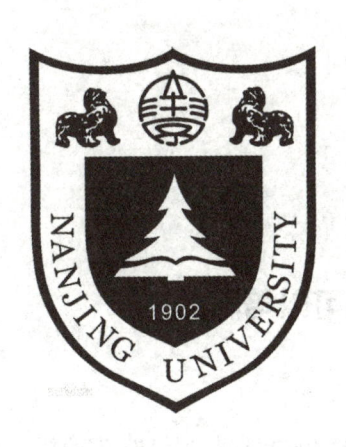

学校：南京大学

姓名：陈宣融

2023 级　江苏省　高考数学成绩 142 分

在初中和高中的前两年，我是一个贪玩又浮躁的学生，学习并不踏实，甚至有些调皮。在数学学习上，我总是热衷于挑战高难度的题目，却忽略了基础题，结果因马虎大意错了一大堆。直到高三，紧张的学习氛围让我意识到问题的严重性。我决定脚踏实地，因为学好、拿分才是硬道理。面对困难，我总是告诉自己，只要决心改变，什么时候开始认真对待学习都不晚。

01 对学习的热爱是可以培养的

学习动机可以分为内部动机和外部动机。内部动机包括"我喜欢这门学科""我想学到更多相关知识"等；外部动机则包括成绩、竞争、家长和老师的期望等。

许多人会不自觉地比较内部动机与外部动机，并认为学生应更多地培养内部动机，而不应过分在意外部动机。然而，外部动机不仅不容忽视，还对学习有着重大影响。我们不应忽略外部动机，而是要学会调整和端正学习态度，家长也应引导孩子合理分配动机。

应对考试的最佳状态是内部与外部动机相对平衡。在这种状态下，学习既不是单纯为了拿分，也不是盲目地学，而是在"我想学"的基础上，加上竞争、成绩和期望等的激励，让学生拥有更充足的学习动力。

02 需要调整对外部动机的看法

有人认为外部动机应该被忽略，原因是我们常常面临过多的外部压力。当压力过大时，我们容易将焦虑和紧张投射到学科学习上，甚至会失去对原本喜欢的学科的兴趣。

因此，对许多人来说，培养内部动机、调整对外部动机的看法以及正确利用学习动机的激励，是目前亟待解决的问题。那么，具体应该如何操作呢？

首先，需要调整对外部动机的看法。正如前文所述，外部动机确实有其价值，但大家通常会过度依赖它。事实上，外部动机不应被完全否定，而应适度调整。许多家长常对孩子说："我们不在意你的分数，只要你开心就好。"然而，实际情况并非如此。当孩子考完试回家，家长往往最先关注的是成绩；分数公布后，又急切地询问错题情况。在这种情况下，孩子们又怎能相信家长真的不在乎分数呢？家长言行不一，反而会给孩子带来不必要的困扰。我们不妨坦然承认分数的重要性，但更要强调家长对孩子健康快乐的关心。在孩子考完试、分数出来后，应先关注孩子的情绪，再去讨论分数。

其次，我们需要正确看待竞争与合作的关系。通过几次合作，我们会发现，个人的想法和创意终究是有限的，而多人合作则能汇聚多样的思维，激发出新的创意。在我的学习经历中，有些同学倾向于避免与他人讨论学习上的问题，而有些同学则热衷于在闲暇时与他人探讨，即便这些问题已有明确答案。起初，我对这种现象感到好奇：对于已有明确解题步骤的问题，还有什么可探讨的呢？于是我加入了他们的讨论，意外发现他们正在分析原答案的解题思路与结构，并尝试用不同的方法——那些我之前未曾想到的思路来解题。自此以后，我便频繁参与这类讨论。这让我想起初中思想品德教科书中的一章，"在竞争中合作，在合作中竞争"。

有一次，我和数学老师讨论时，老师突然激动地拍手，让我们停下来听她说道："哎哎哎！我要分享一个有趣的发现！大家都知道反比例函数在靠近0的地方，一边延伸至正无穷，另一边延伸至负无穷。那么，有没有可能它们其实是相连的呢？"在那一刹那，我们都陷入了沉思，脑海中浮现出它们在无尽远方相连的画面。若要用表情包来形容我们当时的状态，或许就是那张"CPU 烧了"的图标吧。那一刻，我们首次深刻体会到了动态数学的魅力，以及其中蕴含的难以言喻的哲学思考。

> **余帅说：**
>
> "在数学学习中，多与老师和同学交流探讨，尤其是尝试多种解题思路，会让你豁然开朗。那些原本毫无头绪的题目，可能会因此迎刃而解。理科本身就存在很多一题多解的情况，掌握多种解题方法，能够拓宽你的思维。同时，在和同学激烈的讨论过程中，你会感受到数学的乐趣，从而更加热爱这门学科。
>
> 如果你已经掌握了某道题的解法，可以尝试去当'小老师'，去帮助那些不会的同学。因为在讲解的过程中，你对解题思路的理解会更加透彻。如果你能让其他同学真正理解，那么说明你已经完全掌握了这个知识点。这正是费曼学习法所倡导的。"

03 如何培养内部动机？

在我的同学中，有的是因为喜欢解出数学题带来的成就感；有的则被数学中诸多公式和图形的美丽所吸引，比如圆和椭圆，它们的图形和函数公式都展现出一种对称与和谐之美；

还有些同学是因为数学能抽象出现实中的事物，并通过数学公式来预测和判断现实的发展；当然，也有同学享受在数学中思考那些深奥的哲学问题，就像老师与我们分享的那样。

许多人缺乏内部动机，根源在于自我效能感较低。那么，什么是自我效能感呢？自我效能感是心理学中的一个概念，指的是个体对自己能否成功完成某项任务的信念强度。自我效能感较高的人，面对挑战时会坚信"我能克服困难并取得成功"；而自我效能感较低的人，遇到难题则容易逃避，认为自己无法成功。许多学生表面上看似"摆烂"，实则是因为在学习上屡遭挫败，认为自己无法获得高分，于是选择放弃。例如，文科生在学习数学时，往往自我效能感偏低。他们会对自己说："我是文科生，数学思维不强，学好文科就足够了，数学学不会也无所谓。"这种日复一日、消极的自我暗示，会大幅削弱自我效能感。

提升自我效能感的方法多种多样。除了积极的自我暗示外，身边人的鼓励也至关重要。要保持对数学的积极态度，坚信自己具备学好数学的能力。不要因为一次成绩不佳而气馁，而是要相信通过努力可以取得进步。数学是一门需要持续练习的学科，唯有不懈努力才能进步。因此，我们要坚信自己有能力取得进步，勇于挑战自我，克服困难。如果感到力不从心，不妨多去了解他人成功的经历，因为这样能增强自信心。

接下来，我将分享我的数学学习经历和学习方法，希望能为大家提供一些帮助。

> 余帅说：
>
> "人生难免吃苦，但要吃'高价值'的苦。在我看来，学习上的付出有助于未来的生活、就业，价值更高。"

04 数学学习过程——一棵树的成长过程

我将数学学习比作一棵树的成长过程：首先是树干的茁壮成长，接着是枝干的延伸，最后是叶子的点缀。这三个阶段缺一不可，才能长成一棵郁郁葱葱的大树。

小学、初中乃至高中一年级时，我对数学总是感到焦虑。面对难题时焦虑，面对错题时也焦虑，心里总想着如果能一下子全做对该多好。小时候，我甚至表现出一种幼稚的自满——敷衍老师布置的作业，反而与几个同学一起"钻研"难题。每当解出难题时，我便会感到无比兴奋；参加数学竞赛时，买了竞赛书籍、上了几节课，却收获甚微，还自欺欺人地说那些简单题毫无意义，无需反复练习。结果显而易见：我平时作业经常出错，考试也总是拿不到高分。中考时，大多数同学的数学成绩在 115 分以上，而我只得了 113 分，那道彰显"厉害"的最后一题也没能解出。

我想，这或许是因为我过分依赖外部动机，渴望得到家长、老师和朋友的赞扬与喜爱。一味"钻研"难题，忽略了学习数学本应遵循的循序渐进的原则，忽视了最初需要夯实的基础，也忽视了对知识之树苗的浇灌与施肥。直到高二升入高三，我才恍然大悟，意识到自己必须改掉浮躁的毛病，认真对待每一道题目，而不是只关注难题。由于老师布置的习题量已经相当充足，我只需在日常学习中认真完成作业，并做好错题的整理与反思即可。

首先，我想强调的是，无论数学基础题看起来多么简单，都请务必重视它们。基础题目通常从一个相对简单的知识点出发，但通过增加计算量、提高理解要求或引入细微的变化，难度也随之提升。

我通常将数学试卷上的错误分为两大类：一类是由于粗心导致的"会但做错"的错误；另一类则是由于对知识点理解不足、方法掌握不当等原因造成的"不会"的错误。粗心导致的错误通常表现为：题目条件理解错误、计算过程失误、答案查看错误等。

我认为粗心导致做错题目的原因主要有两个。首先，考试或做作业时的状态可能不够好。我们都有过感到不适、疲惫的时刻，也有过精力充沛、头脑清醒的时候。如何更多地保持后者的状态呢？可以通过改善饮食作息、关注自身状态等方式来实现。其次，基础知识是否扎实也是一个重要因素。基础知识掌握得牢固，处理简单题目时就会又快又准；对于那些增加了难度的简单题，我们也能够迅速洞察其本质。

余帅说：

"数学其实并不难，尤其是当你分析历年高考卷子的时候，会发现很多基础题都是'送分题'。但就如陈同学所言，如果你平时不注重基础题目训练，去打好'地基'，这些'送分题'可能也会成为丢分题。"

如何奠定更坚实的数学学科基础呢？我认为最有效的方法就是做题。做题并不是盲目刷题，而是要认真地完成老师布置的每一道课内题目，并将错题分为粗心所致和"不会"做的两类。对于粗心导致的错误，我暂时不予理会，而是集中精力处理"不会"的题目。

粗心导致的错误在累积到一定数量的题目后会趋于稳定，出错与否更多地与当时的做题状态相关。而"不会"的题目则可以每个月或每半学期回顾一次，以检验自己是否真正掌握了相关知识点。具体的操作方法将在后文的"技巧"部分详细说明。

简单来说，我在做题过程中更多地融入了专注与反省环节，相较于单纯地刷题，这种方法更为高效。许多人已经认识到这一策略的有效性，但在实际操作中，由于缺乏耐心，容易变得焦躁，从而陷入机械式做题的循环。因此，若想取得更好的学习效果，可以在开始新一轮学习前，耐心梳理并解决当前遇到的问题。

此外，试卷中通常还包含中等难度的题目。我认为中等难度的题目在技巧层面的要求并不高，更多的是对基础题型难度的综合与拓展。因此，可以参照基础题的训练方法进行练习。

在拆分完试卷并进行初步分析后，我们再将试卷整合起来进行综合评估。如何合理分配不同题型的时间？是否有必要花费额外时间进行反复检查？针对这些问题，我认为应充分了解自身的实际情况，因为最适合自己的方法才是最优选择。那么，如何探寻到最适合自己的策略呢？实际上，每一次模拟考试都是一次宝贵的实操机会，我们应当充分利用这些机会，不断摸索与调整，以期找到最适合自己的答题方法。

余帅说：

> 老师布置的题目，是从大量练习题和多年的教学经验中精选出的。所以，大家一定要重视老师布置的题目，其质量远高于自行选择的教辅资料。在完成老师布置的题目后，如果还有余力，再去尝试其他练习题。
>
> 在数学学习中，做错题是很正常的现象。换个角度想，布置题目不是为了让你做对，而是通过错题提醒你某个知识点尚未掌握，需要巩固。因此，要认真整理错题，打破砂锅问到底，并定期重做，检验自己的掌握程度。

05 数学学习技巧

高三时,我开始系统地梳理知识点,并利用活页纸记录以下内容:重要的知识点、反复出错的题目、同类题以及有效的解题方法。

第一部分是记录重要知识点。以向量部分为例,对于老师讲解过但记忆模糊的知识点,我会详细地记在活页本上。

$$\text{点到平面距离(点}P\text{,平面上一点}A\text{)}$$
$$d = \left| \frac{\overrightarrow{AP} \cdot \vec{n}}{|\vec{n}|} \right|$$

用向量表示点到平面距离,
立体几何大题中常考

在做题时我遇到了如下知识点,老师没有汇总强调过,于是我将几道题的结论汇总在一起。

点P是$\triangle ABC$平面内一点,
① $\overrightarrow{PA}+\overrightarrow{PB}+\overrightarrow{PC}=0$,则$P$为重心;
② $\left|\overrightarrow{PA}\right|=\left|\overrightarrow{PB}\right|=\left|\overrightarrow{PC}\right|$,则$P$为外心;
$\rightarrow \overrightarrow{AP} \cdot (\overrightarrow{AB}+\overrightarrow{AC})=\frac{1}{2}(AB^2+AC^2)$
③ $\overrightarrow{PA} \cdot \overrightarrow{PB}=\overrightarrow{PB} \cdot \overrightarrow{PC}=\overrightarrow{PC} \cdot \overrightarrow{PA}$,则$P$为垂心。

经常在选择填空部分考较难题

关于向量部分，我并未记录太多内容，因为我发现自己在其他知识点上的记忆更为牢固，且考试中这部分内容的占比也不高，因此没有必要投入过多时间。

第二部分是反复出错的题目。我会将它们抄到活页本上，或者为了节省时间直接剪贴试卷，然后写下正确答案并仔细剖析自己出错的原因。有时，我还会重新推导答案，不跳过任何步骤，以便清晰地识别出答题逻辑上的漏洞。

第三部分是同类题目。我会将这些题目归类到相应的专题中。以圆锥曲线的"蝴蝶模型"为例，我在书写解题过程的同时，会审视自己的问题，并写下自我鼓励的话。实际上，整理错题的过程可以看作是与自己对话。不仅要提醒自己迅速纠正错误，还要激励自己在下次遇到类似题目时保持冷静。

我还记得老师在分发作业时对我说："你的错题订正做得既美观又认真（如图7所示），看得出你非常想做好这件事。继续加油！做得这么好，我都舍不得批改了。"老师的这番鼓励让我备受鼓舞，更加热爱整理错题，并在这种良性循环中不断进步。

我曾听人说，如果连自己都不喜欢看的笔记，以后也不会再去翻，这样笔记也就失去了意义。反之，如果笔记做得既美观又令自己喜欢，你甚至会每天都翻看一遍，这样就能不断复习错题和知识点。

> 余帅说：
>
> "陈同学的错题整理和归类方法很值得参考。在书写方面，务必保持字体工整。否则，因某个数字写得不清晰而导致看错，进而算错整道题，实在可惜。考试中的失误损失巨大。"

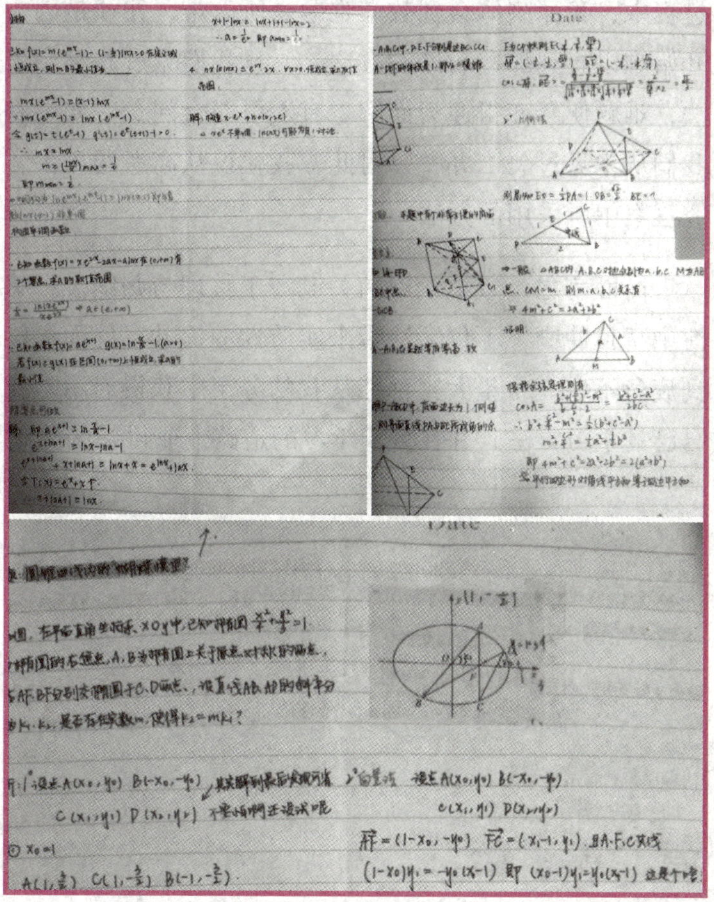

图7

第四部分是高效的方法。例如图中所示的导数部分的同构法，以及立体几何中的独特解法。这些方法我之前未曾想到过，因此我将它们详细记录下来，并经常回顾，试图理解这些方法"是如何构思出来的"。

我会把各个知识点的错题整理在一起，并贴上清晰的标签。一个学期下来，这种整理工作会带给我巨大的成就感。在这个过程中，我深刻体会到数学难题之所以难，往往是因为我们一开始难以想到那些巧妙的方法。一旦我们见过并学会了这些方法，难题便会变得迎刃而解。有人可能会问："如果有些方法我们从未见过怎么办？"对此，我建议从高考题入手，仔细研究答案中所采用的方法。

简而言之，数学学习的关键在于整理与归纳。一味地在题海中盲目冲刷，不仅无法带来实质性的提升，反而可能让人感到疲惫不堪。希望大家都能从我的分享中获得启示，找到适合自己的学习方法，并在数学学习的道路上取得新的突破！

从 78 分起步，清华学姐英语逆袭学习方法大放送

学校：清华大学

姓名：唐诗韵

2020 级　新疆维吾尔自治区　高考英语成绩 138 分

01 初中逆袭：从初一月考 78 分到中考 149 分

曾经，英语并非我的强项。我印象最深的是初一的一次月考后，批改好的试卷整整齐齐地放在讲台上，我去拿试卷时，英语老师正好在旁边。看见我的成绩是 78 分（满分为 100 分），她感叹道："以你的水平，应该能考 90 多分。"她没有多说什么，但就是这句不经意的感叹，改变了我对英语学习的态度。

初中时，我平时讲话有些结巴，但即便如此，我也开始在英语课上积极发言，回答老师的问题。我还在桌角贴了一张便笺，记录自己上课发言的次数，有时候甚至和同桌比赛。而在课后，我会最大限度地利用碎片化时间，从包里掏出笔记本，背诵单词和短语句型。这种信心的建立，让我逐渐改变了对英语学习的恐惧和消极态度，开始主动学习并享受其中。

经过一学期的努力，我的英语成绩从 78 分稳步提升至 95 分以上（月考满分为 100 分），并且在中考中取得了 149 分（满分为 150 分）的优异成绩。英语是一门让人越学越有成就感的科目。只要熬过最初背诵记忆时枯燥且进步缓慢的阶段，就能掌握学习这门语言的方法，此后便能越学越出色。无论是中高考，还是进入大学以后，参加国际赛事、各类选拔赛，或者与外国同学交流，良好的英语水平都将大有裨益。

> **余帅说：** "唐同学利用碎片化时间背诵单词或记忆句型，是一种很好的学习方法。当积累到一定程度，便会产生质的飞跃，自己的努力也一定会开花结果。"

02 单词记忆"小妙招"

背单词的方法多种多样。对于初高中英语学习而言，单词是英语学习的基础，阅读和听力都依赖于对词语含义的充分熟悉与理解。同时，在短文填空和作文等题目中，准确拼写单词并运用词语变形，是取得好成绩的关键。

背单词其实也可以很有趣。通过电影、歌词等语境，了解一个外来词语在不同文化中的含义和用法，不仅能帮助我们更好地掌握单词，还能为我们打开了解其他文化的窗口，拓宽我们的视野。

首先，我们来谈谈背单词时可以使用哪些工具书和学习软件。在学校，我通常会用课本或者《小甘随身记》背单词。这是一本巴掌大小的单词书，与教材单词相对应，还包括一些拓展单词和短语，非常实用。

课本页面较大，看起来非常舒适。我会用白纸遮住单词，只看汉语释义进行默写。若有单词反复记忆几遍后仍记不住，我便将它列为重点记忆对象。这种方法通常记忆效果较好，也比较节省时间。

《小甘随身记》便于携带，无论是在教室、图书馆，还是在排队的间隙，都能随时拿出来背诵。我也会在这本书中放一个小纸条，用来遮挡单词。通过看汉语释义来想英文，或者看英文来想汉语释义，这种方法能促使你主动思考，及时获得正误反馈，比死记硬背效果好得多。

在校外，我习惯用"不背单词"这款应用软件背单词。它的一大优点是依据记忆曲线反复呈现单词，便于掌握；拼写还会根据发音音节自动断开，方便记忆。此外，它还提供电影台词和歌词，兼具语境和趣味性。

使用"不背单词"时，我感到非常愉悦。它让我接触到各种电影，演员们富有磁性的声音，搭配恰到好处的背景音乐，让我仿佛置身于另一个时空或另一种文化环境中，感受那里人们生活的方式。每当我感到无聊或心情低落时，都会打开这款软件，它就像一位贴心的伙伴，陪伴着我。

余帅说：

"各类学英语的应用软件对单词的记忆和掌握效果显著。我上高中时只能用最'原始'的方法记单词——对着课本抄写。如今，随着科技的不断进步，我们能便捷地获取各种学习资源。"

接下来，我想和大家分享如何合理安排时间来背单词。其实，我们可以充分利用碎片化时间，比如排队打饭或课间休息时，都可以拿出单词来背诵。

此外，我们经常会遇到背了就忘的情况。解决此问题的主要方法是多次重复记忆。我们不需要一次就把单词背得很熟，而是通过多次重复来巩固记忆。我个人觉得，睡前是复习单词的好时机，因为充足的睡眠有助于记忆。总之，背单词无需给自己太大压力。只要多次重复，哪怕一次背不下来也没关系，多看几遍自然就能记住。

最后，向大家分享一个小技巧：有时候，用一些奇特的方法背单词也很有效！比如"schedule"这个单词，我总是记错它的拼写。后来我这样想：它就是"s车（che）丢（du）了（le）"，从此就牢牢记住了，再也没错过！我把这个方法告诉同学，她也一下就背下来了。不过，这种技巧仅适用于部分难记的单词，不宜滥用，因为它并不符合英语的发音规则，偶尔用来帮助自己是可以的。

03 应试策略（一）

这部分内容主要是我在英语考试中积累的阅读方法和时间分配策略。希望这些经验能够帮助你们提高答题效率，取得更好的成绩。

首先，我们来谈谈考试前的准备工作。在开考铃声响起之前，虽然不能动笔，但我会先快速浏览短文改错题型，通常能发现七到八个错误。这样正式开考后，短文改错题型就相当于已经预检查过一次。如果时间充裕，我会尝试阅读 B 篇阅读理解的文章及其题目。我不建议提前阅读 A 篇。因为它主要考查信息检索和内容概括，只需定位细节信息，无需通读全文。而 B 篇则需要我们对文章有一个大致的理解，便于快速答题。正式开考后，首先，我会先浏览作文题目，让大脑潜意识对作文内容有所准备。这样在写作文时，思路会更加流畅，内容也会更丰富。

然后，我会按照 A 篇到 D 篇的顺序依次作答。对于 A 篇，我们需要快速而准确地找到所需信息。我们可以利用人名、地名等大小写字母的提示，快速定位到文章中的相关内容。

对于 B 篇，我们需要快速浏览文章，理解其大意。阅读题目时找出关键词，再回到原文中找到对应的内容，选择答案。

对于 C 篇和 D 篇，这两篇文章较难。我们需要留出足够的时间，仔细阅读。特别是议论文，作者通常会围绕一个话题展开，表达自己的观点并引用一些案例和他人的见解。我们需要理清作者的逻辑关系和情感态度，区分哪些是作者的观点，哪些是引用他人的。这是题目经常考查的内容。

接下来是完形填空的答题方法。我认为这是难度最大的题型。在第一遍阅读时，我们不应急于确定答案。因为每个空的答案并非凭空出现，要么在前文有所提及，要么在后文有所暗示，或者是纯粹考查语法（如单词形式的变化）。因此，在第一遍阅读时，我们可以先标记可能的答案，第二遍再结合文章前后呼应关系确定最终选项。

对于七选五题型，我建议先观察空白处的位置。如果空白处多在段首，我们可以从选项开始阅读，因为段首的选项多为概括性陈述，先读选项有助于更快理解文章大意。如果空白处多在段中，我们可以从文章开头读起，因为此时概括性句子基本已经给出，直接阅读文章有助于更好地把握全文结构。在选择答案时，注意选一个划掉一个，以免最后眼花缭乱。

最后，我们来谈谈语法填空和短文改错的答题技巧。这两种题型需要通过大量练习来提升做题速度与正确率。练习过程中，我们可以做一些真题。一段时间后你会发现，考点主要集中在时态、人称、名词单复数、词性等方面。掌握一般规律，同时重点记忆特殊情况，基本上就不会有太大问题。在做语法填空题时，注意句首字母必须大写。在做短文改错题时，有一个技巧：错误类型通常不会重复。例如，在一篇文章中，不会同时出现两个名词单复数错误。因此，如果最后有一两个错误难以发现，可以查看已改的错误来"查漏补缺"。

学习英语需要持之以恒，但只要找到适合自己的方法，便能事半功倍。希望大家能够尝试我分享的这些方法，逐步总结出属于自己的独家妙招！

04 应试策略（二）

考场作文的得分点主要集中在三个方面：卷面、切题性以及词汇与句型。本部分将依次围绕这三个方面展开讨论。

● 写字美观的重要性

练字或许比较枯燥，但字体美观确实重要。整洁的卷面会让老师更愿意认真审阅，而非扫一眼就确定给分档次。人们通常会潜意识地认为书写好看的文章水平也更高，这就是所谓的"印象分"。

对于高一高二的同学，我建议大家花时间练字。一方面，可以通过抄写范文来练习，但不要盲目抄写。一边练字，一边分析范文的结构和句型，同时积累其中你认为精彩且能运用到自己文章中的词汇和句式，这样练字更有效率。另一方面，也可以修改或誊写自己写得不错的文章，边写边背，以便于在考场上使用。一学期下来，你的字体会更加美观，写作素材也更丰富，且满满一本的成果会带来成就感和满足感。

对于高三的同学，如果时间十分紧张，或者练字效果不佳，就不要过多地花时间练字。但在卷面上一定要保证清晰、整洁、可读，避免字母大小不一、歪斜等问题。电脑无法识别答题纸上的红色横线，这些问题在阅卷老师的屏幕上会更加明显。我高二时写字还算不错，但高三因为参加美术集训，书写大不如前。最后在考场上，我只做到了字体清晰整齐，所幸分数没被扣太多。

● 严格扣题的重要性

题目的要求逐年变化，出题人和阅卷人愈发反感生搬硬套的作文。常有同学准备了高分素材，却因与题目不匹配而生搬硬套，这种情况极易导致严重跑题，进而影响分数。因此，写作时一定要从题目出发，按题目要求来写，保持卷面整洁，满足字数要求，确保文章通顺且结构完整。只要做到这些，分数自然不会低。老师阅卷的首要标准是看作文是否满足了题目要求，而非句型是否复杂、词汇是否高级。考场上务必紧扣题目，抓住拿分重点，避免"生搬硬套"。这里并不是说准备素材不好，而是写作素材需合理、切题地运用。这也意味着大家平时要分主题、全面地积累素材，而不是考前突击背诵一篇。

在词汇与句型的使用上，恰当使用亮点词汇和丰富句型是必要的。但要避免使用拼写困难的生僻词，也不要刻意炫技或通篇堆砌句型。恰到好处地展示你所掌握的内容即可，比如适当运用倒装句、从句和动名词等，将普通句子与亮点句子交替使用。这样能使文章内容更加丰富且自然流畅，不会让阅卷老师感到生硬。

对于英语基础较薄弱的同学，切不可急于使用那些"高大上"的词汇和复杂句型。首先要确保简单句的结构和语法正确，掌握单词的拼写和变形，写出符合字数要求且契合主题的文章，这样便能获得中等偏上的分数。在此基础上，再逐步追求更丰富的句式和词汇。

● **素材的整理同样至关重要**

有些同学虽然背诵了许多优秀文章，却不知道如何运用。可以尝试按话题分类整理素材，如环境保护、建议信、投诉信等。积累得越多，对题型的熟悉度就会越高，写作思维也会更加灵活。

除了整理和积累素材，勤奋练习也是提高写作能力的有效途径。大家每周可以根据真题题目，练习一篇文章并提交给老师审阅。通过多练习写作、多阅读优秀文章，不断改进，并加强与老师的交流，从而全面提升写作水平。一定要与老师或写作能力强的同学交流，因为"当局者迷，旁观者清"。虽然批评的话语可能听起来不悦耳，但从中吸取教训并进行改正，才是提升自我的有效方式。我们要感谢那些愿意提出批评并指出问题的伙伴。

> **余帅说：**
>
> "作文可以按照唐同学的建议，按不同题材积累优秀范文，坚持下去，你的作文素材足以应对中高考。但关键在于，要多与老师和同学交流自己写好的文章，愿意听批评，才能不断提升写作能力，时间久了，作文自然不再是难题。厚积方能薄发，只有不断积累，才能一鸣惊人。"

05 培养学习兴趣与自信心

我想和大家分享一些学习生活中与英语有关的"高光时刻"，希望这些能给大家带来更多动力。同时，我也祝愿每位同学都能找到适合自己的学习方法，在未来用好英语，创造属于自己的高光时刻！

大一暑假，我有幸参加了清华大学组织的国际暑校，与来自中国香港、中国澳门以及沙特阿拉伯的同学组成了一个

图 8　获奖证书

六人团队。团队一致推选我担任队长。我们用带有各地口音的英语交流，商讨参赛方案，查找资料并汇总报告。比赛时，我代表团队用英语向来自不同国家和地区的评委老师汇报项目方案。最终，我们团队获得了"最佳投资潜力奖"，如图 8 所示。大家都十分开心，称赞我是出色的队长和优秀的合作伙伴。我也真切地体会到了快乐与成就感。

在大学外文系开设的"理解莎士比亚"课程中，我报名担任期中展示"莎士比亚之夜"的主持人，主要负责节目汇总和现场演出的组织工作。我根据自己对莎士比亚戏剧的理解，结合同学们的节目内容，对演出进行了分场安排，同时设计了节目单和纪念卡片，并绘制了现场板报。这些设计为老师和同学们带来了惊喜，也获得了大家的喜爱与认可。活动结束后，许多同学纷纷拍下板报作为纪念。

英语是交流、表达的载体，也是了解其他文化和广阔世界的媒介。学好英语不但能为你的生活增添趣味，还能带来更多机遇。

06 口语练习

大部分省份的高考英语科目不包含口语考试，但我仍想谈谈练习口语的方法。因为英语是一门注重发音的语言，它的单词、句子均由不同音节的发音组合而成，拼写只是对这些发音组合的记录。

对于中文来说，即使不了解发音，只要我们认识某个汉字并知道它的含义，阅读时通常不会存在障碍。这是因为中文有"字形"与"字音"两个相对独立的体系。而对于英语来说，"形"不过是"音"的记录载体。英语用来表意的核心其实是"音"。

练发音的方法：

学习所有音节的发音。辅音发音大部分和汉语相似，关键在于区分元音（要能听出差异、说出不同）。元音发音准确且饱满，这是大部分语言口语好听的前提。目前网上能找到很多免费的发音教程，无需花钱报辅导班。

朗读你喜欢的文本。推荐选电影或戏剧台词、诗歌。电影或戏剧台词由专业演员演绎，他们接受过严格的发音与语音语调训练，其音频是很好的学习素材。而诗人在创作诗歌时往往会兼顾朗读的韵律与美感，所以诗歌也是适合练习口语的优质载体。

即使你掌握的单词和语法较少，只要发音准确，你就会因自己优美的语音而对英语充满信心。与此同时，在练习发音的过程中，自然就能记住许多好句子。另外，熟悉发音更有利于快速轻松地记忆单词。

如果记不住发音，单词就只是 26 个字母随机组合排列的一种形式；而一旦掌握了发音，单词就变成了简单的发音组合，而每个音节发音通常对应一个或几个字母组合，这样一来，记忆单词就非常便利快速。

所以，无论你的省份中高考是否考查口语，多练习发音，提升口语水平，对记忆单词、语感、阅读等都大有裨益。它不仅能够提升你对英语学习的信心，还能满足应对考试的实际需求。

告别小聪明用"笨"方法，解锁英语 140 分密码

学校：武汉大学
姓名：小优
2018 级　湖南省　高考英语成绩 140 分

或许你曾向很多英语成绩优秀的人请教过学习英语的方法。他们往往会告诉你："英语很简单，无需花费太多时间去学。"这种观点似乎暗示英语是一门依赖天赋、考验基础知识的学科。那么，对于没有天赋且英语基础薄弱的人来说，是否意味着无法学好英语、提升成绩呢？我想用我的亲身经历告诉你，答案并非如此。

01 找到开启你英语国度的钥匙

在英语学习方面，我自认并无天赋。小学和初中阶段，英语考查尚不全面深入，难以看出我与别人的差距。然而，进入高中后，随着词汇、语法等知识的深入学习，我和身边同学的英语成绩差距逐渐拉大。起初，我并未在意，以为是假期没有持续学习英语，或因一两次考试运气不佳，才导致自己的成绩与初中英语成绩相近的同学拉开差距。但随着学习的深入，我在英语课堂上和考试中的吃力感与身边同学的轻松自如形成鲜明对比。

起初，出于自尊心和好胜心，我开始重视英语学习，尝试摸索快速提升成绩的方法，比如"三短一长选最长""4A4B4C4D蒙题技巧"等。暂且不论这些取巧的方法能否快速提升成绩，它们无法从根本上提升我的英语能力，实现长足的进步。在苦苦寻求进步却不得其法后，我的英语学习愈发艰难，逐渐丧失了信心和兴趣，每次考试都抱着得过且过的心态。

真正改变我对英语认知的，是班级组织的一次周末活动——参加市政府举办的国际文化节。这是我第一次见到众多的国际友人，展厅里会聚了来自世界各地的人们，他们有着不同的肤色、多样的文化和各异的语言。这是一场中外文化交流的盛会。看到大家用自己国家的语言展示本国文化，散发出独特的魅力，我深受吸引。那一刻，我第一次深刻地认识到，语言不仅是一种能力、一种工具，更是一把钥匙。只有掌握它，才能开启了解丰富文化的大门；只有掌握它，才能领悟各种蕴藏其中的深刻智慧。我下定决心，要将英语当作一把打开世界之门的钥匙，认真学好它。

从那以后，我彻底摒弃了从前敷衍了事、心存侥幸的态度，开始了扎扎实实、勤勤恳恳学习英语的"笨坚持"。所有语言的学习无外乎听、说、读、写四个方面，接下来我将从这四个方面向大家分享我的"笨方法"。

> **余帅说：**
>
> 一次去新加坡的旅行中，我订酒店时才发现自己不擅长用英语交流，只能借助翻译软件。好在遇到一位精通中英文的同胞，在她的帮助下，我才摆脱这场尴尬的局面。也就是从那时起，原本对英语不感兴趣的我，突然萌生了主动学习的念头。

02 听——听得懂是英语交流的基础

首先是听，听得懂是英语交流的基础。然而，由于试卷中听力的占比较小，很多人往往忽视了听力能力的培养，只注重"卷面英语"，导致无法灵活运用这门语言。那么，我们如何练就一双"灵耳"呢？

● 精听训练

曾经我做英语听力的时候只抓大致意思，通过半听半猜和关键词捕捉，正确率也能达到80%～90%。做完题后，我会简单地阅读听力材料，了解大意和答案依据，但不再深入。这种"囫囵吞枣"的方式对听力的提升毫无帮助。即使坚持每天做几套听力题，听力能力也不会有实质性提高。我想很多同学和我一样，进行了大量的泛听训练，但正确率始终停滞不前，偶尔提升也只是运气使然。

要改变这种低效甚至无效的训练方式，我们就需要精听训练。所谓"精听"，就是细致入微地听。具体而言，至少要对听力材料进行三轮梳理：

第一轮：正常完成听力练习，听完后批改答案，但不要纠结于对错。重要的是记录自己对听力材料的整体感受和初步理解。

第二轮：抛开题目，全神贯注地听每段对话，可以反复听两三遍，专注于提升耳朵的敏感度，捕捉更多细节。

第三轮：对照听力材料逐字逐句听。先完整地阅读材料，对比自己捕捉到的信息是否正确，然后逐句听，确保能捕捉并迅速理解每一句话。

这种训练看起来很麻烦，甚至有些困难，尤其在开始时会耗费大量时间。一篇材料可能需要花费刷好几套题的时间。但随着练习的深入，你会发现"吃透"材料的时间逐渐缩短，听力训练越来越轻松，能听懂的句子越来越多。这就是持之以恒的收获，你的耳朵会变得越来越敏锐。

精听训练并非一蹴而就，需要我们长期坚持。只有这样，我们的听力水平才能稳步提升，真正练就一双灵敏的"英语耳朵"。

> **余帅说：**
>
> 精听训练有点类似于肌肉的记忆训练。比如，如果你四肢不协调，刚开始学街舞时，会觉得每个动作都很别扭，很不习惯。但如果你不停地进行精细动作的练习，久而久之，你的协调性和节奏感就会越来越好，甚至新动作也能快速掌握。这就是锻炼身体的适应能力。同样，当你开始精听训练时，耳朵会逐渐适应听力材料。

● **加速训练**

经过大量精听训练后，许多同学觉得自己的听力水平有了显著提升。此时，可以尝试加速训练，把听力材料的播放速度提高到1.2倍，并在这个难度上继续进行精听训练。起初，这种训练确实有难度，但高难度训练很有必要。平常训练时，心态通常比较放松，容易发挥出正常水平。但在考试中，往往因过度紧张而表现失常。经过大量的加速训练后，当在考场上再次听到原速听力时，即便紧张，也能迅速镇定。

● **影视训练**

以上两类听力训练方法主要聚焦于考试，但考试中的听力材料大多源自课本。若要真正掌握英语这门语言，仅仅局限于考试内容和课本知识是远远不够的。我们需要更深入、更贴近生活化的学习，而最佳的方法之一是从英语影视剧作品中汲取养分。那么，如何在观看影视剧的同时提升听力呢？这里有两个方法供大家参考。

第一种是养成观看英美剧的习惯。这是让自己置身于英语环境的便捷方式，即便有中文字幕也不影响。通过影视剧呈现感兴趣的听力材料，大量观看后，大脑会自然接收众多信息，听力能力与英语水平会在不知不觉间实现质的飞跃。这种方法适合长期学习甚至终身学习。倘若你处于初三、高三等冲刺阶段，就不适合这种耗时较长、潜移默化的听力提升方法。

第二种是精听。在 B 站等学习网站上，许多英语学习类的 up 主会从大量影视作品、名人采访以及新闻中选取有价值的内容，制作成四遍式的精听视频。具体步骤如下：首先，无中文字幕盲听两遍；接着，加上中文字幕听一遍；最后对每一句话进行精听解读并跟读。与精听听力题目不同的是，这些视频会涉及大量地道的表达和连读技巧。内容难度随其价值而提升。正如前面所说，坚持一段时间，效果会十分明显。

余帅说：

"让自己长时间处于英语语言环境中，是提升英语听力水平的有效方法，就像一般人右手比左手更有力，是因为右手经常使用一样，多接触英语可增强听力能力。"

03 说——如何摆脱"哑巴英语"

"说"是同学们在英语学习中的一大难题。由于考试通常不涉及口语，许多同学往往忽视了这一技能。但实际上，"说"是英语交流的关键环节。如果想要真正学好英语，就必须锻炼自己的口语能力。那么，如何摆脱"哑巴英语"，自信、流利、大方且准确地用英语表达自己呢？

一定要敢于开口。很多同学因为很少开口说英语，结果变得越来越胆怯。在开口之前，他们总是担心发音是否正确、会不会因口音被嘲笑、语法是否正确等问题。其实，这些担忧大可不必。英语是一门语言，其核心功能是交流，而发音、口音、语法只是辅助工具。只有大胆开口，你才能真正告别"哑巴英语"，避免本末倒置。当你勇敢地迈出第一步后，你会发现自己的口语表达能力会迅速提升。

倘若你已经迈出了第一步，但苦于缺少交流对象和语言环境，不妨尝试以下两种方法：

一是利用学校资源。英语课堂、英语角、英语演讲等活动都是训练口语的绝佳机会。同学们还可以组成英语互助小组，规定小组内交流只能用英语，从而营造出一个英语语言环境。在这种环境下，大家的口语表达能力能得到显著提升。

二是借助网络平台。如今，有大量优质的口语练习软件。通过这些软件，你不仅可以选择和 AI 进行对话，还可以加入口语训练小组。小组成员可能有不同年龄阶段或来自不同国家的人。在进行口语训练的同时，还可以在交流中体会文化的多样性，体会英语作为中外文化交流桥梁的魅力。这种通过英语与他人和文化发生并建立联系所带来的成就感，会让你更有动力去学习英语。

04 读——需要讲究方法和效率

对于大部分同学而言，在英语阅读方面往往比听说更熟练。从小学到高中，英语课本的学习以及各类考试，都重点训练了学生的阅读能力。然而，即便处于相同的学习与训练中，不同人的阅读能力仍存在较大差异。这说明，阅读也需要讲究方法和效率。那么，如何提高英语阅读能力呢？我总结了以下几种方法。

● 记单词

要彻底读懂一段英语材料，关键在于理解其中的每一个单词。词汇量是英语学习的基石，唯有筑牢这块基石，英语能力才能真正提升。那么，如何有效记单词呢？

无论选择采用何种记忆方法，持之以恒是最重要的。那种

"三天打鱼，两天晒网"的态度显然是不可取的。我初中的英语老师常说："反复反复再反复。"多年之后，我才深刻领悟到，任何学习的秘诀其实都蕴含在这句话中。依据艾宾浩斯遗忘曲线科学合理地安排复习时间至关重要。哪怕是再简单的单词，倘若不反复记忆，最终也会被遗忘；而再复杂的单词，只要坚持反复记忆，也能记得很牢固。

在持之以恒的基础上，我们还可以借助一些巧妙的方法更灵活地记忆单词。

例如，词根词缀记忆法，大量的单词由词根和词缀组合而成，其构造存在一定规律。词根单词的主体部分，通常具有完整且固定的含义；词缀则用于修饰词根，包括前缀和后缀。比如，词根"port"表示"港口"，"export"由词根加上前缀"ex"（意为"向外"）组成，因此"export"意为"出口"；"import"则是词根加上前缀"im"（意为"向内"）组成，因此"import"意为"进口"。通过拆解词根词缀来记忆单词，不仅能清晰理解单词的构造，还能通过掌握少量词根词缀的方法快速掌握大量单词。这无疑是一种高效便捷的记忆方法。同时，结合艾宾浩斯遗忘曲线进行复习规划，有助于实现长期记忆。

此外，还可以采用应用记忆法，即有意识地将单词运用到现实生活场景中。当看到日常生活中的事物时，主动在脑海中将其转换成英文单词。这种方法不仅能帮助记忆单词，还能强化对单词的理解和运用。

对于一些容易混淆或难以记忆的单词，我建议将它们抄写在一个方便携带的小本子上，利用排队、上厕所、睡觉前等碎片化时间随时复习。反复记忆，定能攻克单词难关。

对于自律性较强且有条件的同学，我推荐使用背单词软件，比如"不背单词""百词斩"等。这些软件会根据你的词汇量和学习目标科学合理地规划学习内容，同时提供大量的例句和标准的读音，帮助你准确、深入地学习单词。网络是一把双刃剑，善于利用其优势的同学，能为自己的学习添加助力。

● **英语期刊阅读**

在高中时期，我对阅读课外英语期刊兴趣浓厚。通过阅读这类期刊，我不仅切实提升英语阅读能力，还拓宽了知识视野，积累了大量的英语文化知识。这些积累对我快速理解课堂和考试中的英语文章发挥了重要的作用。

大家可依照自身的兴趣与能力来挑选适合自己的英语期刊。我推荐《读者文摘》(*Reader's Digest*)。这本期刊内容丰富，涵盖健康、生态、政府、国际事务、体育、旅游、科学、商业、教育以及幽默笑话等多领域，难度适中，适合初高中学生阅读。

● **刷题**

在积累了一定词汇量并且储备了大量知识之后，通过刷题来提升应试能力显得尤为关键。对初三、高三学生而言更是如此，毕竟针对考试题目的训练是提升应试能力最高效的方式。

例如,"先仔细阅读题干,再分段阅读"等具体解题方法,大家想必已十分熟悉,这里不再赘述了。我想和大家分享一个在刷题过程中摸索出来的实用方法,即通过记忆题目中的高频词和生词来提高阅读能力。

考试题目通常都有其特定的词汇考查范围和重点。虽然我们在日常学习中掌握了很多单词,基本能涵盖大部分的考查词汇,但是一个单词往往有多种用法和释义,考试时这些复杂的情况很容易让人感到困惑。所以我们需要借助刷题来提升自己对单词用法和释义的敏感度。

> 余帅说:
>
> "当你背会单词后,接下来的关键步骤是通过做题加深对它的理解,尤其是对一词多义的单词。只有在不同的语境中多使用,才能记得更牢固。一开始,你可能对几百甚至上千个单词的用法、释义模棱两可,但随着每天的背诵和练习,这些生词最终都能被掌握。为此,我建议你整理出尚未掌握的单词,并制订一个'攻克计划表',明确每周或每月要攻克的目标。"

在答题过程中,若遇到不确定或者不认识的单词和词组,首先要做好标记,不要马上查阅资料。尤其要关注连接性的单词和词组的学习,比如"in addition""furthermore"等,这些连接词是剖析和理解文章的关键要素。读完文章后,再去查阅资料,学习那些做了标记的单词和词组。如果遇到有价值的单词和用法，可用心做好笔记，加深理解和记忆。

起初，大家可能会标记大量的单词和词组，耗费较多的时间。但是随着刷题量的增加，你会逐渐总结出考试题目所考查的高频词语，面对阅读试题时，你也会更加得心应手。

05 写——英语综合能力的重要体现

英语写作能力实际上是英语综合能力的重要体现。只有具备丰富的词汇量、扎实的语法基础和广泛的阅读积累，才能写出流利且精彩的英语作文。此外，有意识地背诵一些优美的句式、实用的词组，会使你的写作水平更上一层楼，起到锦上添花的作用。

因此，我建议大家在英语笔记本上专门开辟一个写作板块，用于整理不同文体和主题的经典句式和范文。我知道网络上各类教辅材料中有大量已经整理好的写作资料，但我更希望大家在参考这些资料的基础上，自行整理。因为这个过程不仅是学习与记忆的过程，更是构建个人写作框架的过程，其效果比单纯背诵现成的写作资料更显著。

积累无疑是提升写作能力最关键的一步，而练习也同样不可或缺。平时参加的各类考试便是一种极为高效的练习方式。在得知自己的考试分数、聆听老师的详细讲解并学习了优秀范文之后，大家可以对自己的文章进行多次修改。每完成一次修改，都可以将文章拿给老师再次批改，并请老师提出宝贵建议。要知道，修改文章是有针对性地提高自己写作能力和成绩的有效途径。

另外，英语写作的分数不仅取决于写作能力和文章内容，还与卷面字迹密切相关。一手漂亮整洁的英文字体，能为你的卷面增光添彩。无论你是通过字帖练习，还是自行临摹他人的字体，都务必注意：书写要工整。毕竟，优秀体现在每一个细节。

以上是我学习英语的"笨方法"。我始终认为，适合大多数人的语言学习方法往往就是这些"笨方法"。不要幻想天赋和捷径，若想在语言学习的这条路上行稳致远，唯有踏踏实实地学习。当然，这里的"笨"并不是指死读书，而是坚持做好每一件事：背好每一个单词，学好每一个语法，读完每一篇文章，听懂每一段对话。每天都有收获，久而久之，自然会在学习方法和技巧上形成自己的感悟和总结。先"笨"后聪明，我们最终收获的不仅是英语成绩的提升，还有更广阔的视野、更丰富的思维方式和更精彩的世界！

拒绝无效背书：
政治中游生凭借一套独特的学习方法成功逆袭

学校：东南大学
姓名：范宇婷
2023 级　上海市　高考政治成绩 97 分

有山就有路，有河就能渡。翻过森然高山，踏过铁水冰河，我们的前途终将光明一片。

——题记

高中文理选科时，我最初选择的是化学而非政治。和大多数同学和家长一样，我也担心文科就业不佳，所以在政治与化学之间犹豫不决，最终为了成为理科生而选择了化学。当时选化学的同学有很多，文理选科人数严重失衡。于是出现了戏剧性的一幕：每节课下课后，化学老师都会苦口婆心地劝我们认真考虑自己是否适合学化学，不要只因追求理科生的身份而放弃自己擅长的学科。我们却一直把他的话当作玩笑。直到上了一周化学课后，老师组织了一次周测，我的成绩竟排在班级的倒数第二。这时，我才开始重新审视自己的选择。

经过一个晚上的慎重考虑，第二天我决定向学校领导申请转科，转到了政治学科。现在回想起来，我很感激自己当时的果断。于我而言，政治学习是一段很有趣的经历。无论是书本上传达的价值观，还是课堂上老师教授的学习方法，都让我收获颇丰。最后，我以考核成绩A的等级回报了那段奋斗的时光，交出了令自己满意的答卷。

起初，我的政治成绩并不突出，一直处于中等水平。我不愿按照老师的要求花大量时间背诵书本上的文字内容，认为这是浪费时间和精力，所以默写时常常出错。刚开始我并未觉得有何不妥，因为即便我没有花很多时间背诵，我的政治成绩依然名列前茅。我总觉得来日方长，以后再努力也不迟。

然而，进入高三后，班级成绩的两极分化愈发明显。随着和其他同学的差距渐渐拉大，我开始感到强烈的危机感，也意识到必须认真对待政治这一科目。可事实并非我想象得那样容易。我之前"以后再努力也不迟"的想法，不过是自欺欺人的借口。高三后期的痛苦，很大程度上源于前期学习方法的不当，让我陷入不自信与迷茫之中。

尽管我的觉醒稍晚，但凭借一套独特的学习方法，我的成绩有了一定的提升。我想与大家分享一些政治学习的方法与建议，希望大家能尽早做好准备，进而稳步提升成绩，取得理想成果。

01 保持课堂上的高度专注

我认为最重要的习惯，就是保持课堂上的高度专注。课堂上跟随老师的思路，能够轻松理解问题；反之，若上课时走神，

<u>便会遗漏知识点。而补全这些知识点，往往需要在课后花费更多时间和精力，但收效甚微。</u>当下辅导资料种类繁多，很多人却忽视了课堂学习效率，反而将大量时间花费在辅导资料上，本末倒置。总之，认真听讲是课堂上实现效率最大化且最具性价比的学习方式。

> **余帅说："** 课上的知识点和题目都是老师精心准备的，老师会花大量时间和精力去认真打磨每一节课。这些知识点大多会在考试中出现，所以提高课堂学习效率非常重要。然而，很多同学喜欢在课后'下功夫'，其实这样既浪费时间又效率低下。大家一定要提高课堂效率，认真听讲，一丝不苟，把精力用在关键之处。**"**

那么，如何做到这一点呢？首先，上课时要积极思考老师提出的问题，即便不与老师互动，也要默默用心思考。有了自己的答案后，认真听老师的讲解，验证其正确性。人的精力是有限的。因此，专心上完一节课后，我建议你起身离开座位，去走廊吹吹风，放松一下精神，为下一节课做好准备。

02 学会做思维导图

做思维导图能帮助我们更快地建立政治知识体系和框架。政治科目的知识点非常繁杂且考核内容跨度大，对学生熟悉书本的程度以及快速定位知识板块的能力要求很高。所以，学会制作思维导图极为必要，它不仅呈现宏观知识框架、提取关键点，还能方便我们快速查找对应知识点。此外，自己制作思维导图的过程本身也是对书本内容的重新梳理，不仅能让我们对书本内容更加熟悉，还能让我们再次关注到书本上的"课外知识"，如"相关链接"里的内容。

上高中时，我制作了大量思维导图，并将它们大致分为两类：

第一类是以单元为单位的思维导图，仅包含每课的标题名、小标题名及关键词。这类思维导图如同"大骨架"，帮我快速定位知识点所属板块。

第二类是以课为单位的思维导图，内容十分详细，补充了知识点的具体内容，可用于查漏补缺式复习。后期复习时，我会依据老师补充的内容对它们进行不断地更新，并通过默写思维导图来检验自己对书本的熟悉程度。

下图为第一类型的思维导图样本，如图9所示。

思维导图（以必修三第一单元为例）：

```
                                    ┌ 中华人民共和国成立前各种政治力量
                 ┌ 历史和人民的选择 ┤
                 │                  └ 中国共产党领导人民站起来、富起来
                 │
                 │                   ┌ 始终坚持以人民为中心 ┌ 党的性质、宗旨
                 │                   │                      │ 根本立场
                 │                   │                      └ 执政理念
中国共产党的领导 ┤ 中国共产党的先进性┤
                 │                   │                      ┌ 党的指导思想
                 │                   │                      │ 现实意义
                 │                   └ 始终走在前列          ┤ "四大法宝"
                 │                                          └ 先锋模范作用
                 │
                 │ 坚持和加强党的    ┌ 坚持党的领导         ┌ what
                 │ 全面领导          │                      │ why
                 └                   ┤                      │ How
                                     │                      └ 意义
                                     │
                                     └ 巩固党的执政地位    ┌ 坚持全面从严治党
                                                          └ 坚持 四个执政
```

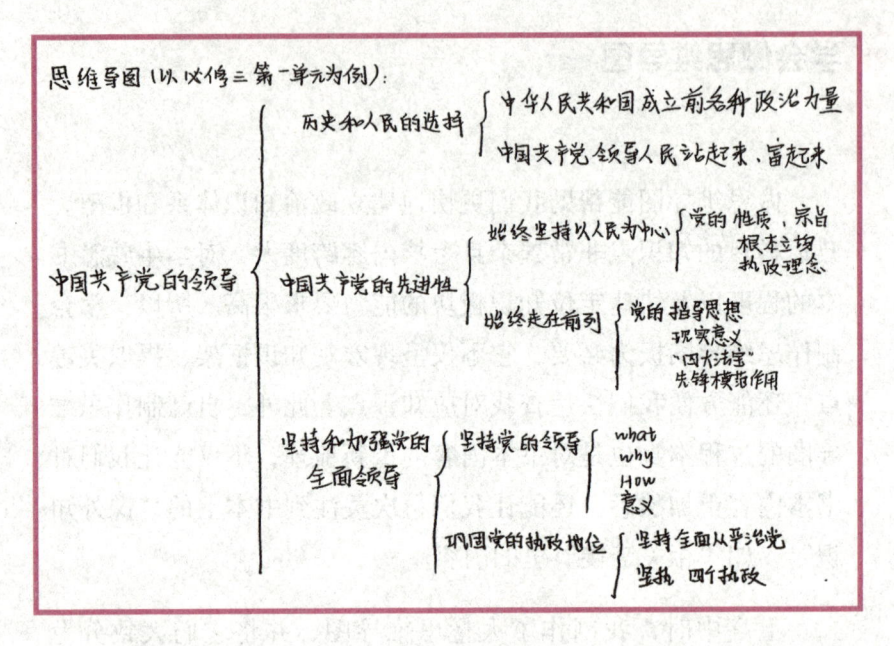

图 9

03 整理错题

　　整理错题是提升学习效率的重要习惯。我曾对整理错题集不以为然，认为只要考完试订正就万事大吉。直到一次考试后，老师分析试卷时提到，某道题曾在作业和模拟试卷中出现过，而我恰好做错了。仅仅题目稍加改变，我就连续错了三次。这次经历让我在懊悔之余，深刻认识到整理错题的重要性：若每道题都要错几遍才能记住，效率实在低下。

　　整理错题的目的是剖析题目背后未掌握或遗漏的知识点，

而非纠结于题目本身。一方面，它能完善知识体系；另一方面，后期复习时更有针对性，效率更高。后期做大量试卷时，一张张整理耗时耗力，而错题集如同"精华库"，能大大节省筛选时间。理科的错题，大多是由于公式套用错误或者计算错误导致；而政治学科的错题，常常源于逻辑推理出现偏差。所以，在整理政治错题时，要梳理清楚自己做题时的逻辑，弄明白当初为什么会产生错误的想法，而不能仅仅是背诵正确答案。

> **余帅说：** "很多同学只重视整理数学科目的错题集，却忽略了文科错题集的整理。错题本的作用在于帮助我们在后期复习的时候有的放矢，提高学习效率，避免重复犯错。因此，整理错题本是努力最有价值的体现之一。"

04 持之以恒，夯实基础功底

在政治学习中，持之以恒的品质至关重要。考场上的出色表现，皆源于日常的积累，是从量变到质变的必然结果。只有坚持不懈，才能在关键时刻脱颖而出。我上学的时候，每天中午有一个半小时的午休时间。吃完饭后，我会花 30 分钟用来背书。晚上睡前，我会躺在床上在脑海中默想一遍知识点，这样既能检查背诵的缺漏之处，又能强化记忆。周末寄宿在学校的时候，晚自习老师会放 45 分钟的每日新闻。新闻是很好的积累政治知识的素材，我会默默记下专业的政治词汇和语句。

政治学习的基础在于扎实的基本功，默写和背诵是关键。尽管有人觉得这种方法稍显机械，但以我的亲身经历来看，它确实是掌握政治理论的基石。由于考试时间有限，尤其是大题需要综合利用多个知识点，所以对知识点的深度熟悉极为重要。看到题目时，应能够迅速联想到相关知识点的内涵、意义及具体措施。

05 背诵小技巧

下面给大家分享几个我在背诵时用到的小技巧。

技巧一：框架记忆法。首先，运用思维导图梳理章节逻辑，依照上述方法画出教材目录层级关系图。在背诵时，采用分层记忆的方法，先记住核心概念，再记忆支撑要点。例如，先背"新发展格局的内涵"，再去记"双循环、供给侧改革、扩大内需"等相关支撑要点。

技巧二：长句简化。将政策表述提炼为"主体＋动作＋对象"

的核心结构，删去其中的形容词、副词，以及补充说明的内容。

技巧三：图像记忆法。记忆历史事件时，可绘制一条时间轴进行串联，比如将中共会议及其关键决议联系起来。对于一些辩证关系，还可以通过绘制流程图来辅助理解，比如用一个圆来呈现实践和认识的循环关系。

06 巧妙运用语句

在政治考试中，除了牢固掌握基础知识外，还需注重运用富有表现力的语句。这里所说的并非华丽的修辞，而是能够创造出书本之外、富有政治智慧的表达。这往往是区分高低分的关键。

在学习过程中，我曾对老师提供的范文赞叹不已，因为它们包含了独特的政治术语。我曾好奇他人如何创作出这些富有政治素养的语句，后来才明白，这些精彩的表达同样源于长期的积累和沉淀。

> 余帅说：
>
> "建议大家准备一个积累本，平时多记录好词好句，积少成多，考试前一周多翻看，那么你的答案就会让阅卷老师眼前一亮，甚至可能因为这几分优势考上心仪的大学。"

07 积累精彩语句

我建议大家准备一本专门记录政治佳句的笔记本，并按照主题分类，如"人民""经济"等。精彩的语句从哪里来呢？

课堂笔记。留意老师在课堂上未明确写下的语句。多年教学经验使老师们常在不经意间表达精辟的见解，因此要养成课堂勤记笔记的习惯。

题目与标准答案。关注日常练习题中的题干及标准答案。题目材料或出自出题老师或源于新闻网站，用词往往值得参考。在审阅标准答案时，留意那些书本上未曾提及的、令人耳目一新的表达。

总之，完成题目后要学会深入挖掘其价值，最大化地利用学习资源。

08 紧跟时事热点

密切关注时事动态。许多考题与当前时事紧密相关。如果你能因了解相关新闻而精准地表达观点，你的答案就能在众多千篇一律的答案中脱颖而出。必看的官方权威媒体有《新闻联播》《人民日报》，以及新华社的"新华全媒头条"。获取这些媒体资讯的渠道有：微信公众号"央视新闻""学习强国"APP，也可以在各短视频平台搜索获取。

09 做题技巧——要善于总结规律

在学习的过程中，总结规律通常比单纯大量做题更重要。如果技巧运用得当，学习效率将显著提高。经过大量练习，我总结出以下答题技巧和得分方法。

选择题主要考核对概念的辨析。明确概念的内涵即可准确作答。选择题分值虽小，但题量较多，错三道以上，基本上无缘高分。所以，做选择题时切忌粗心大意。要圈点勾画题干，提取关键信息。做完全卷后，仔细检查选择题，避免因错看题目要求而失分。平时可以多刷选择题，培养做题的手感。

关于政治大题，阅卷老师通常是"踩点"给分的。那么，如何"踩"到所有得分点？答案就藏在问题和材料里。

我的习惯是先看问题再做题。首先明确答题所需的知识点范围。题干通常会给出类似这样的问题："请结合材料×××，并根据×××课本内容（某一册书、某单元或某课的标题）谈谈你对×××某句话的理解。"在这种情况下，为确保不遗漏得分点，最佳的做法是先将要求范围的所有知识点罗列出来，即在试卷上列出一个框架。此时，默写思维导图的作用就显得尤为重要。如果对思维导图足够熟悉，一分钟就能完成知识框架。实际上，这不仅不会浪费时间，反而能大大提高答题效率和准确性。

接下来，我们带着问题去阅读材料。题目给出的材料往往篇幅较长，所以要学会分层阅读，明确各层涉及的知识点。此时不能吝啬笔墨，要对材料进行圈点勾画，提取关键词，并在旁边标注可能涉及的知识点。同时，明确材料的主体和客体，它们分别代表什么群体，做了什么事。

找到与问题相关的得分点后，就需要整合知识点与材料，组织语言，梳理答案。我有一套应对非哲学类大题的通用答题方法，其结构为：材料内容＋体现了＋对应知识点＋起到的作用＋逻辑终点，如图10所示。

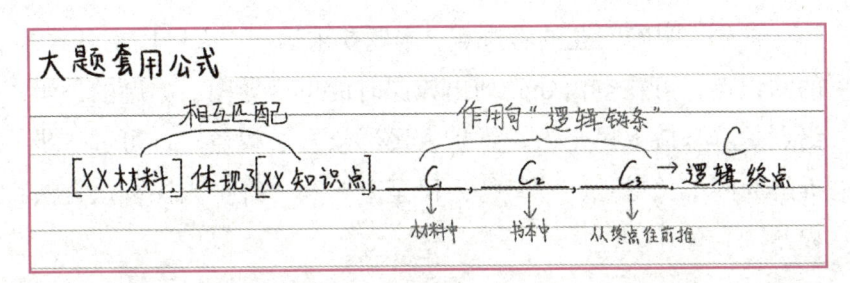

```
大题套用公式
            相互匹配         作用句"逻辑链条"
[ ××材料 ]体现了[ ××知识点 ], C₁, C₂, C₃ →逻辑终点
                              ↓   ↓    ↓
                            材料中 书本中 从终点往前推
```

图 10

前面部分是材料与知识点的结合，这相当于立了一个"标牌"，目的是让阅卷老师一眼看到你的得分点。中间的若干作用句（一般为1—3个）是连接答题思路与逻辑终点的链条。而"逻辑终点"则是题干中"对×××某句话的理解"。

下面我将通过一个题目，具体示范这种套用方法。

阅读材料，完成下列问题。（12分）

材料：新冠肺炎疫情来势汹汹，人民生命安全和身体健康面临严重威胁。我们坚持人民至上、生命至上，以坚定果敢的勇气和坚忍不拔的决心，同时间赛跑、与病魔较量，迅速打响疫情防控的人民战争、总体战、阻击战。同时，公安机关密切关注涉新冠肺炎疫情诈骗违法犯罪活动态势和变化，依法严厉打击制售假劣涉新冠肺炎疫情物资违法犯罪，积极会同相关部门依法严惩违法犯罪人员，切实维护人民群众合法权益，全力维护社会治安秩序。

结合材料，运用人民民主专政的知识，谈谈对于坚持人民至上，维护人民群众合法权益的认识。

首先，明确问题的考查点。本题要求运用"人民民主专政"的知识点，可在空白处先列出该课时的思维导图。本题的逻辑终点是"坚持人民至上，维护人民群众合法权益"，可进一步拆解为两个关键点："坚持人民至上"和"维护人民群众合法权益"。

其次，带着问题看材料，对材料进行分层，并标注每一层涉及的知识点。例如，材料中"我们坚持人民至上、生命至上……迅速打响疫情防控的人民战争、总体战、阻击战"，体现了疫情期间对人民生命安全的高度重视，可联系我国的国体相关知识。材料中"公安机关密切关注涉新冠肺炎疫情诈骗违法犯罪活动的态势和变化"，体现了国家关注疫情期间人民生活的实际困难并积极解决问题，可联系我国民主"最真实"和"最管用"的特点。材料中"依法严厉打击犯罪……全力维护社会治安秩序"，体现了国家运用法律手段打击违法犯罪分子，可联系国家职能中的相关知识点。

然后将材料与知识点对应后，需要思考如何推理到两个逻辑终点，此时需要运用作用句进行衔接。大题中一般写1—2个作用句即可，论述题则需要写2—3个。作用句中必须有一句来自书本对知识点的阐述，其他作用句可结合材料内容或从逻辑终点"倒推"得出。例如，本题的逻辑终点是"维护了人民群众合法权益"，那么如何实现这一目标呢？倒推可知，国家相关部门需严格公正执法，保护人民群众的财产安全等。

最后，按照答题模板梳理并书写答案。以下为参考答案。

参考答案：

①打响新冠肺炎疫情防控的人民战争，坚持生命至上，体现了我国是人民民主专政的社会主义国家，人民民主专政的本质是人民当家作主。（3分）

②人民民主专政是民主和专政的辩证统一，对极少数敌对分子实行专政，维护国内正常社会秩序，坚持了人民至上。（3分）

③严厉打击违法犯罪活动在实践中保障了人民民主的有效落实，体现了社会主义民主是维护人民利益的最真实、最管用的民主。（3分）

④依法打击危害人民群众生命财产安全的涉新冠肺炎疫情犯罪活动，履行好维护国家稳定、促进社会发展的职能，维护了国家安全和公共秩序，维护了人民群众合法权益。（3分）

如果是观点辨析类型的题目，答题第一句要写是否赞同此观点，然后再套用公式答题。

余帅说

"范同学的方法非常不错，很详细。我很喜欢一句话：'要向有结果的人学习，而不是故步自封。'既然别人能取得好成绩，那么他的学习方法自然有值得我们借鉴的地方。如果能在此基础上形成自己的学习方法，何乐而不为呢？"

哲学类大题也有可套用的答题方法，其底层逻辑与之前的方法大同小异，但在细节上有所不同。哲学类大题的关键在于"翻译"，即词对词、句对句地将知识点与材料对应起来。

例如，知识点是"一个事物都有两个方面，有主要方面和次要方面"。此时，要结合材料进行翻译："一个事物"对应材料中的具体事情，"主要方面"和"次要方面"对应材料中的特定内容。然后，引出书本对知识点的解释："主要方面决定事物的性质，次要方面影响事物的发展"，并据此对材料进行总结概括。

假设材料说："人工智能的投入使得工厂的效率更高，产品产出量更大，成本消耗相对较少。但对人工智能的大量投入也导致某些岗位大量裁员，引起了社会担忧：人类是否会被人工智能取代？我们是否要继续发展人工智能？"题目要求运用相关哲学知识回答人工智能是否要继续发展的问题。

此时，"一个事物"对应人工智能的发展，"主要方面"就是人工智能对社会生产的积极作用，"次要方面"是人工智能带来的社会问题。人工智能推进社会生产是其主要方面，决定了发展人工智能是必要且有利的，而由此引发的担忧虽会影响人工智能的发展，但不能改变其发展的大方向。

哲学类大题相对简单，只要能够默写出知识点并准确对应材料，就能拿到不错的分数。

抛去对成绩的功利追求，政治学习本身很有意义。它不仅具有文科的人文情怀，还蕴含理科的严谨性，需要严密的逻辑推理能力。政治是一门有温度的学科。如果你选择了政治这门学科，希望你在奋斗的过程中能感受它的魅力，不再痛苦地学习。如果你尚未选择学科，希望你能结合自身实际与兴趣，做出最适合自己的选择。继续向前吧，彼方尚有荣光在。

> **余帅说：**
>
> 如果你能在不喜欢的科目中自得其乐，学习自然会快乐很多，因为兴趣才是最好的老师。这就好比有些人觉得生活百无聊赖，而另一些人的生活却过得快乐又充实。其实这两类人并没多大区别，只是那些快乐的人掌握了让自己快乐的能力。

建立记忆宫殿告别死记硬背，构建历史框架巧记历史知识

学校：清华大学
姓名：郭泽龙
2023 级　北京市　高考文综成绩 264 分

高中历史是一门技巧性很强的学科。很多同学在小时候爱看历史剧、历史小说，误以为历史只是讲故事。上了高中后才发现，历史学习不仅需要大量背诵记忆，还要分析背景、原因等。因此，学好高中历史需要一套完整的历史分析方法。一旦掌握了这套方法，你会发现历史其实并不难。我用了一年多的时间总结出这套方法，下面我想先简单讲讲自己的故事，并将这套学习方法分享给你，希望对你有所帮助。

01 小时候我认为历史就是历史故事

我从小就对历史充满兴趣，喜欢看历史剧和历史小说，比如《亮剑》《三国演义》《明朝那些事儿》等。这些作品常常让我沉浸其中，甚至一连几天都深陷故事情节无法自拔。小时候，我天真地以为这些文艺作品展现的就是真正的历史，还立志以后要当一名历史学家！然而，直到有一天，正在上高中的姐姐听到我的这番"狂言"，给我浇了一盆冷水："你看的那些东西和我们课上学的是不一样的！"

如今回忆起来，仍觉得当时的自己十分幼稚。那些历史作品之所以打动人，是因为它们的故事性，其中难免有虚构的情节。刘备曹操斗智斗勇，与喜羊羊智斗灰太狼在本质上并无太大区别。经过文学加工的小说并不能反映真实的历史。

02 高一时我认为死记硬背就可以学好历史

意识到历史作品与真正历史的差异后，我对高中的历史学习做好了充分的思想准备。既然学历史不能像听故事一样轻松，我就决定采取"博闻强记"的方法。拿到课本后，我计划把每个字都背下来，重点记忆人名、地名。我心想，这样岂不就跳出了文艺作品的"圈套"？于是，我拿着荧光笔，把历史书上的每个角落都画上了重点，自习时埋头苦读，不停地阅读背诵。就这样学了两个月，我本以为自己已经掌握了历史的精髓，无论怎么出题都能答得出来。然而，期中考试时，我的历史成绩却只是班里中游水平，这让我有点泄气。

03 高二开始建立自己的历史学习框架

直到高二，我才意识到自己之前的学习方法存在很大问题。那年，学校开办提高班，召集成绩还不错的同学去听课。提高班的老师跳出了传统课本内容，用大学教材和一套全新的思维框架为我们重新讲授历史课。这套思维框架包括纵向和横向两个逻辑链条：

纵向逻辑链条：他注重讲述王朝更替的内在逻辑。比如，为什么大一统王朝往往伴随着分裂，以及封建时期中国的土地由谁掌控等问题。

横向逻辑链条：对于某一个历史事件，他会从政治、经济、文化、社会等不同角度进行分析。例如，工业革命的开始，既是经济层面上圈地运动提供剩余劳动力和资本的结果，也反映了政治层面上大航海时代背景下新兴资产阶级力量的壮大。

自此以后，历史在我眼中不再是一颗颗零散的珍珠，而是被一根无形的丝线串成的项链。每颗珍珠都与其他珍珠紧密相连，每个事件的发生和发展都具有清晰的逻辑性。我开始构建历史学习的框架，这也标志着我的高中历史学习真正步入了正轨。

这段经历让我深刻反思了自己之前的学习方法。单纯依靠记忆和背诵，虽然能在短期内记住大量信息，却无法真正理解历史的深层次内涵。通过提高班的学习，我学会了从多个角度分析和理解历史事件，这种思维方式的转变极大地提升了我的历史学习能力。

　　我用高二一整年的时间建立起了历史学习的框架，高三的学习便轻松了许多。高三的学习虽然是复习，但实际上是重新学习。老师们一直强调，高三刚开始时，大家会觉得已经忘掉了以前学过的所有知识，甚至会怀疑自己：之前真的学过那些内容吗？既然如此，前两年的学习还有意义吗？我认为，答案无疑是肯定的。不能因为吃了三个馒头才吃饱，就只吃第三个馒头。那么，前两个馒头的作用是什么呢？在我看来，前两年最重要的学习目标，就是建立起这个学科的框架。框架的建立是一个"学史实—搭框架—填充史实—完善框架"的循环过程。前两年学习的史实是用来建立框架的骨架，高三的学习则是往已有的框架里填充血肉，并进一步完善这个框架。

　　如果你在高一时看到这篇文章，就从现在开始建立历史学习的框架；如果你高三才看到这篇文章，也完全不必着急，框架的完善工作直到高考前一天都在持续进行。既然框架如此重要，那么，什么是一个好框架？又该如何建立一个好框架呢？

余帅说：

> 即将进入高三的或者已经上高三的同学们，如果你的历史成绩不理想，不必着急。因为高三会有几轮复习，相当于重新学习一遍，虽然可能没有高一、高二学得那么细致，但只要你抓紧时间，努力学习，一切都还来得及。

04 如何建立历史框架

将复杂的知识简化、目录化，就是建立知识框架的过程。例如，高中历史按照时间可分为中国古代史、中国近代史和世界史。古代史又按朝代划分，每个朝代都有各自的政治、经济和文化状况，通过这种方式，我们能对高中历史知识形成宏观把握。

具体到某个话题也是如此。比如"秦朝的暴政与速亡"，如图11所示，可将该话题分为"暴政"和"速亡"两部分。其中，"暴政"可细分四个子话题：严苛的赋役、严酷的刑法、高度的集权、社会危机，每个子话题再具体分几个要点。这样，在思考"秦朝暴政与速亡"时，记住四个子话题就很容易，而进入每个子话题后，其要点也能自然展开。

必须注意的是，建立框架本身就是一个学习的过程，切不可奉行"拿来主义"，直接套用教辅资料或者他人做的框架。为什么这样说呢？因为建立框架并非一件容易的事。你不仅需要对手中的材料有宏观的认识，还得通读具体内容，这样才能理解每个组成部分是如何围绕核心话题展开的。分析材料是建立框架的基础，而在这个过程中，知识自然会进入你的脑海。另外，一千个学生心中可能有一千个不同的框架，只有亲手制作的框架，才最契合自己的思维方式。如果你不确定自己的框架是否正确，可以去请教老师。

建立框架主要有两种方式：思维导图和表格。思维导图的优势在于自由度较大，可以无限延伸子话题；而表格的特点在于能够清晰地呈现纵向和横向的对应关系，便于对比。

在建立框架时，应根据话题的特点选择合适的方法。对于从宏观到微观、从抽象到具体的知识（比如某个话题由多个子

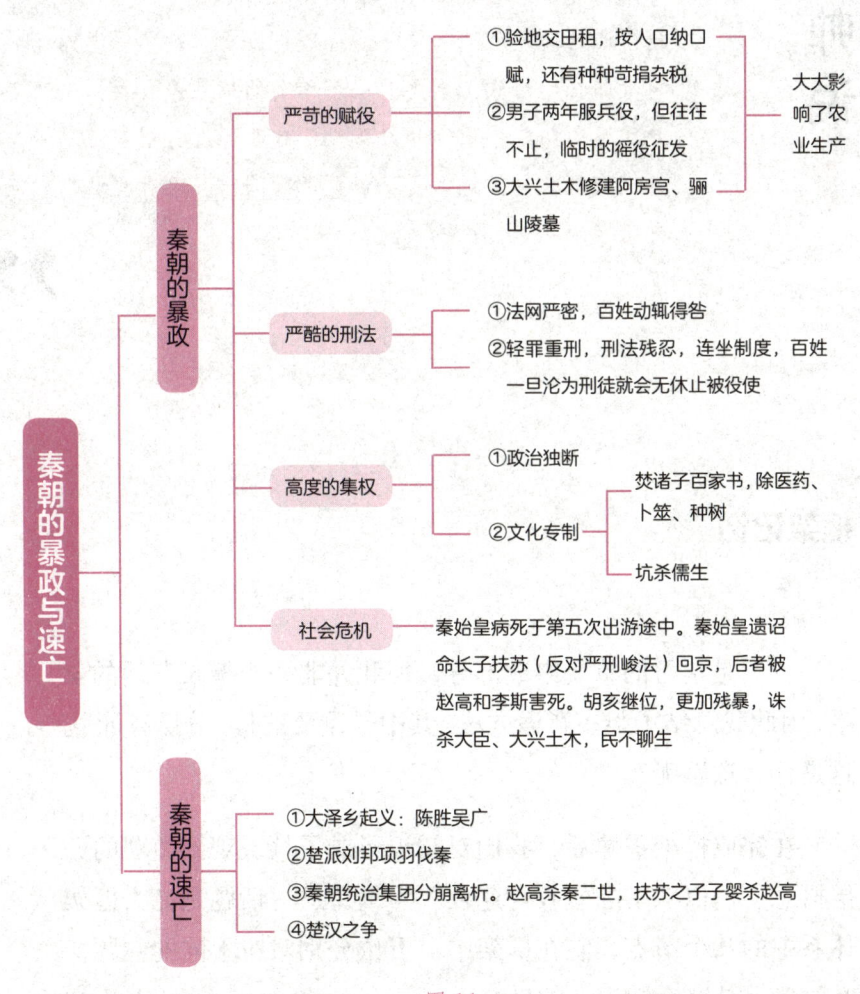

```
秦朝的暴政与速亡
├── 秦朝的暴政
│   ├── 严苛的赋役 ──→ 大大影响了农业生产
│   │   ① 验地交田租，按人口纳口赋，还有种种苛捐杂税
│   │   ② 男子两年服兵役，但往往不止，临时的徭役征发
│   │   ③ 大兴土木修建阿房宫、骊山陵墓
│   ├── 严酷的刑法
│   │   ① 法网严密，百姓动辄得咎
│   │   ② 轻罪重刑，刑法残忍，连坐制度，百姓一旦沦为刑徒就会无休止被役使
│   ├── 高度的集权
│   │   ① 政治独断
│   │   ② 文化专制 ── 焚诸子百家书，除医药、卜筮、种树
│   │                 坑杀儒生
│   └── 社会危机
│       秦始皇病死于第五次出游途中。秦始皇遗诏命长子扶苏（反对严刑峻法）回京，后者被赵高和李斯害死。胡亥继位，更加残暴，诛杀大臣、大兴土木，民不聊生
└── 秦朝的速亡
    ① 大泽乡起义：陈胜吴广
    ② 楚派刘邦项羽伐秦
    ③ 秦朝统治集团分崩离析。赵高杀秦二世，扶苏之子子婴杀赵高
    ④ 楚汉之争
```

图 11

话题组成），思维导图比较合适；而对于强调对比、变化的知识，则表格更为清晰明了。

> **余帅说：**
> "框架就是将所学过的知识点以便于记忆的方式整理记录下来。通俗地说，就是你去旅游后，找个时间把自己的所见所闻回忆一遍并进行分类。过了一周你再次回忆的时候，只要看一下你做的框架图或表格，就能迅速想起一周前的经历。但如果你没有框架图，再次回忆的时候就需要花费更多时间，甚至有些记忆会变得模糊。"

05 框架记忆

背诵是学习的重要组成部分，但我并非一个擅长背诵的学生，因此我总结了很多背诵方法，其中最重要的是"分层背诵"。这是什么意思呢？

在完成框架搭建后，我们对知识形成了从宏观到微观的分层概念。仍以"秦的暴政与速亡"为例，这一话题是庞大框架体系中的某个节点，它在框架中上下位分别对应不同的主题，其位置就是这个知识点的坐标。

所以，在背诵时先从框架入手。比如，背诵"秦朝"这一主题下包含哪些内容？从时间逻辑来看，自然包括"秦朝的建立""秦朝的发展""秦朝的灭亡"。"秦朝的灭亡"又涉及哪些方面呢？从经济层面看，赋役沉重；从政治层面看，严刑峻法和高度集权；从社会层面看，社会危机四伏。那么，赋役沉重是如何体现的呢？顾名思义，赋役包括赋和役。先说赋，苛捐杂税繁多；役方面，成年男子服兵役时间过长……按照这种分层背诵的方式，其实并不需要死记硬背，很多框架都能自然联想出来。分析一个朝代，无非从政治、经济、文化三个角度，分析一个事件无非从起因、经过、结果三个维度。只要理解透彻，将知识装进这套万能的框架里，背诵并不难。

06 记忆宫殿

建立记忆宫殿。记忆宫殿是一种利用空间想象来辅助记忆的技术，其基本原理是将需要记忆的内容与熟悉的地点联系起来，比如家中的不同房间或是熟悉的城市街道。通过在脑海中想象自己穿梭于这些地点，并将需要记忆的信息与每个地点相关联，便可以在需要的时候回想起这些信息。这种方法借助了人们对于空间和地理位置的记忆天赋，从而提高了记忆效率。

例如，可以把自己的家想象成高中历史知识体系：自己的房间是中国古代史，房间的门是夏商周，书柜是秦朝，书桌是汉朝……书桌第一层抽屉是文景之治，第二层抽屉是汉武帝的文韬武略，第三层是东汉末年宦官乱政……由于对书桌和抽屉很熟悉，它们在脑海中具有画面感。每当想起抽屉，就会想起文景之治，其起因、经过和结果便会在脑海中清晰地呈现。记忆的核心是将新事物和熟悉的事物建立紧密联系，越熟悉的事物，联系越紧密，记忆就越牢固。记忆宫殿的目的就在于此。

记忆宫殿不仅适用于历史学习，还可用于任何学科。我们将生活中任何熟悉的场景和自己的学习内容联系起来，就能在日常生活中不知不觉地巩固知识。

余帅说：

"我将这种方法教给了学生，其核心是通过想象将知识印刻在脑海中，从而让记忆更加深刻。比如，你在路上会看到有人上了公交车，有人下车，公交车站旁边有路牌、树木、行人、商店和小区。你可以把眼前看到的所有物体都用单词写下来，这一瞬间就能强化记忆，真正实现学以致用。你还可以把家里所有的物品用英语说出来，描述此刻你在做什么、心情如何、你的父母在做什么，以及天气情况，然后立即拿出纸和笔把这些内容写下来。"

07 图像化记忆

图像化记忆同样是一种极为有效的记忆手段。所谓图像化记忆，就是通过知识在书本中的具体位置来回忆相关内容。历史书并非全是黑白文字，其中的插图、彩色文字等都可以成为辅助我们记忆的有力工具。

就拿图 12 来说，当你仔细端详一页课本足够长的时间后，合上书本，你可能会发现，在秦始皇的照片下方似乎有几个数字和顿号。这些其实代表了秦始皇开始统一六国的时间和先后顺序。或许你之前并未意识到自己记住了这些内容，但请相信我，它们其实已经被储存在你头脑当中了。

所以，不要一味地盯着自己枯燥的笔记，不妨多看看图文并茂的课本。即便一时记不住什么，知识也会在不知不觉中以图像的形式留在脑海里。

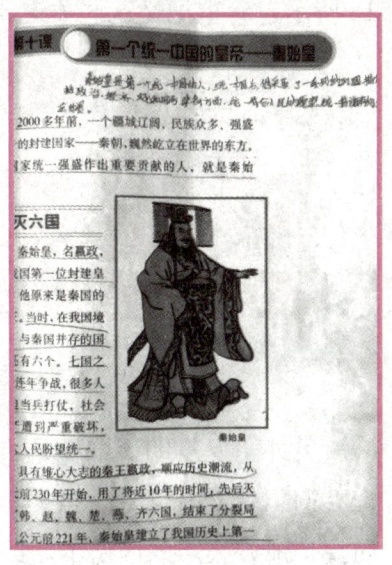

图 12

08 编造关键词、反复朗诵

还有一个记忆方法是编造关键词并反复朗诵。比如，要记诵秦始皇统一六国的顺序，即韩、赵、魏、楚、燕、齐，可以用谐音"喊赵薇去演戏"来辅助记忆。再比如，记忆洋务运动的重点企业时，可以为每个企业提炼出一个关键词，如图13所示，着重记忆这些关键词。

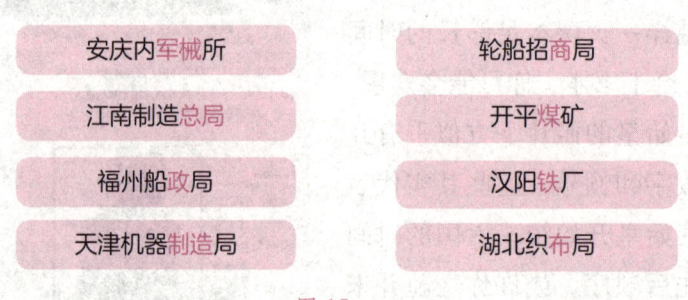

安庆内军械所	轮船招商局
江南制造总局	开平煤矿
福州船政局	汉阳铁厂
天津机器制造局	湖北织布局

图 13

另外，反复朗诵同样是一种很好的记忆方法。俗话说"书读百遍，其义自见"。当你学习累了，但还想继续学习时，不妨找个地方大声朗读课本。要知道，反复阅读对背诵大有裨益。

余帅说：

" 郭同学的这些方法确实很不错，用自己能理解的方式快速记忆复杂内容，一个关键词可能代表好几段话，一个谐音词也能让原本难记的内容变得容易记忆。不管用什么方法，只要对你有帮助，能提高学习效率，就是好方法。同学们在学习各科的时候，要多研究适合自己的方法。 "

09 设置"挖空"练习

给自己设置"挖空"练习。比如,我制作了这个表格,如表1所示,先列好了表格的表头并填充内容,然后删掉其中一些关键词,以此来测试自己能否准确地默写出来。

派别	代表人物	代表著作	主要思想、主张	评价
儒家	孔子	"五经"《论语》	1. 核心思想是"＿＿" 2. 强调统治者"＿＿" 3. 主张"＿＿",使每个人的行为符合礼的要求 4. 首创私人讲学,主张"＿＿"	首创儒家学派
儒家	孟子	《孟子》	1. 实施"＿＿" 2. 提出"＿＿"思想 3. 伦理观上主张"＿＿"	孟子、荀子对儒家思想加以总结和改造,使儒学体系更加完整,使儒家更能适应社会的需要。战国后期,儒学发展成为诸子百家中的蔚然大宗
儒家	荀子	《荀子》	1. 施政用"＿＿"和"＿＿",以德服人 2. "＿＿" 3. "＿＿",强调用礼乐道德教育 4. "＿＿"	
道家	老子	《老子》	1. "＿＿"是本原,顺应自然,清静无为 2. ＿＿ 3. ＿＿ 4. 世界万物和人类社会总在不停运动	注意:"无为而治"是政治思想
道家	庄子	《庄子》	逍遥自由	
法家	韩非子	《韩非子》	1. ＿＿ 2. ＿＿ 3. ＿＿	富国强兵,有利于在战乱时期创立霸业,符合统治者需要
墨家	墨子	《墨子》	1. 主张"＿＿",消除亲疏、贵贱差别 2. 宣扬"＿＿",谴责战争 3. 治国主张"＿＿",反对任人唯亲 4. "＿＿"	代表＿＿,手工业者

表1

10 若想写出满分答案，就必须认真钻研标准答案

刷题是巩固知识的有效方法之一，但刷什么题以及怎么刷都有技巧。刷题过程中，最重要的并非做题本身，而是研究答案。若想写出满分答案，就必须认真钻研标准答案。答案能告诉你本题的解题思路，你应当拿着答案去审视问题，关注这个答案是如何从题目中得出的。

答案非常宝贵，一旦看过某道题的答案，这道题的价值在一定程度上会降低。所以，你必须珍视每一个答案，并思考如何将从一道题中得出答案的方法灵活运用到其他类似题目上。

> **余帅说：**
>
> "一般同学的做题流程是做完题后对答案，做错了就将题目整理到错题本上，这样做固然正确，但如果同学们能站在命题人的角度去思考，效果可能会更好。理解了命题人的思路后，你才能'看透'题目，做到举一反三。因此，做题的关键不在于做对，而是一眼识破命题人的'诡计'。这次或许你碰巧做对了，但如果你没看透出题思路，下次可能就无从下手。"

因此，在刷题时，应选择那些答案解析详尽的题目，无论是真题还是模拟题。此外，在刷题过程中，应对题目进行分类，集中练习某一类题目。例如，"分析某个事件的原因"是一种

典型的题型，你可以寻找更多此类题目，集中练习三到四道，甚至可以将某一道题目作为范例，先根据答案进行分析，然后再自己动手解决下一道题目。

另外，高中历史的选择题和材料题还有很多做题技巧，在此一并为大家总结。

11 选择题做题技巧

● 读题技巧

审设问：明确问题所询问的是时间、原因、影响、评价、背景还是其他什么内容，避免因审题不清导致误答。

抓关键词：注意材料中的时间、人物、事件、趋势、因果关系等关键点，提高信息提取能力。

关注命题陷阱：对于"绝对化"词语要谨慎对待，如"必然""全部""永远""根本""唯一"等，这类词语所在选项通常是错误的。

主观推测不可靠：若选项涉及"如果当时……"或"假设"等内容，往往与历史事实不符。

警惕概念偷换：注意选项是否存在偷换概念的情况，如"农民战争"不能简单等同于"农民革命"。

● **选项分析**

排除法：

矛盾选项排除：与史实明显矛盾的，直接排除。

主观评价过强的排除：如"伟大的胜利""完全失败"这类表述。

时间错误的排除：考查它是否符合历史时间顺序。

比较法：

若两个选项相似但表达不同，往往其中一个更符合材料信息。若选项呈现因果关系，要检查逻辑是否合理。

12 材料分析题做题技巧

● **读材料技巧**

分层分析材料：

第一遍：通读全题，圈出时间、人物、事件等关键词。

第二遍：结合设问，筛选出与问题相关的信息。

第三遍：联系课本知识，确保回答有据可依。

拆分材料内容：

时间线索：留意材料所涉及的时间段，要与已掌握的知识点相匹配。

历史背景：思考当时的政治、经济、社会及文化背景，分析该事件的成因。

史料类型：关注材料是政策、报纸、演讲、法令还是史书记载，不同类型的史料表达方式不同。

● 组织答案技巧

设问拆解：

"原因"类：从政治、经济、社会、文化角度进行综合分析。

"影响"类：考虑短期/长期影响，以及国内/国际影响。

"评价"类：从积极+消极两个角度回答，避免片面评价。

"比较"类：横向对比异同点，注意用对比词（如"相比之下""与……不同"等）。

"趋势"类：结合历史发展脉络，归纳其变化特征。

答题结构：

概括材料观点：先简单复述材料核心信息。

结合课本知识：引用相关史实支撑答案。

层次分明：分条作答，如"第一……第二……第三……"

语言规范：避免口语化，使用历史学术词语。

13 用老师的视角来优化自己的书写

学习是一个方面，而如何向阅卷老师呈现你的学习成果则是另一个方面，二者同等重要，后者却常常被很多人忽视。

书写工整至关重要。一份书写工整的试卷可能比字迹潦草的试卷多得 5 分。原因很简单，在模拟考试乃至高考中，阅卷老师面对的是大量内容相似的试卷。对于书写潦草的试卷，老师往往没有耐心仔细批阅，即使有得分点也可能被忽视。所以，从现在开始练字不晚。

还有一个小技巧，平时老师批改试卷的时候，如果有机会，尽量去旁边围观。因为老师可能会不经意间提出阅卷感受，比如"这个同学答论述题怎么不分段，看着真费劲"。听到这样的话，你就应该注意，下次答题一定要分段。

余帅说：

"其实，卷面分就是一场面试。打个比方，10个人去面试，9个人穿着笔挺的西装，而1个人穿着睡衣或者蓬头垢面，面试结果可想而知。面试官看到这个人的第一眼，他就输了，至于讲什么已经不重要了。所以，卷面分一定要重视。"

14 保持好心态——跳出"结果导向"的陷阱

在每个班级里，总会有一两个同学在历史学科上显得知识渊博。他们能轻松地谈论古代文明的兴衰，对历史事件的背景和影响也十分熟悉。即便他们知识丰富，我们也不应因此而心绪不宁。这些同学往往比较心浮气躁，他们可能更专注课堂上吸收更多知识，而非真正理解和运用这些知识。所以，虽然他们能够记忆历史上的重要事件，但在考试时，却可能由于缺乏深入理解而无法准确作答。你只需按照自己的学习节奏稳步前行，无需在意他们的状态。

模拟考试的失利并非坏事，而是一种宝贵的学习机会。模拟考试的失败其实是在提醒我们哪些地方存在漏洞，需要进一步加强和巩固。与其为模拟考试的失败懊悔，不如将其视为及时的反馈与提醒。如果我们在模拟考试中取得满分，可能会沾沾自喜，从而忽视自己的不足。而且，满分答卷意味着这次考试内容已全部掌握，从而失去了反思和总结的机会。实际上，只有高考才是真正的考试，模拟考试只是为高考做准备的一部分。因此，我们应该把模拟考试当作一种游戏，一个检验和提升自己的机会。

在备考期间，我们很容易陷入"结果导向"的陷阱。我们可能会过分关注成绩，这种担忧会导致心理压力增加，降低学习效率。相反，如果我们把注意力集中在学习本身，专注于理解和消化知识，学习效率便会显著提升。因此，我们不应过度在意考试的结果，也不要过度忧虑未来，而应将精力集中于学习本身。这才是实现高效学习的正确途径。

余帅说：

"无法接受失败，往往是因为你的期望过高。考试也是如此，只有先接受你可能表现不佳的现实，才能去迎接最好的自己。"

高考地理满分，学习技巧、高效提分全解析

学校：浙江大学
姓名：崔嘉琪
2018 级　浙江省　高考地理成绩 100 分

01 地理像是一门"玄学"

地理学科因其独特性，常常会出现一些看似奇特甚至有些令人难以置信的题目。比如"为什么一条道路两侧的绿化带生长状况不同？"正当你绞尽脑汁分析光照等条件的差异时，答案中赫然出现"行政管辖不同"，让你瞬间"破功"；又如"阿根廷为什么大量出口蜂蜜？"原因并非你想的区位优势等，而是"当地人不喜欢食用蜂蜜"。这些题目的存在，总会让人误以为地理是一门充满不确定性的"玄学"。如果因此就将地理考试视为纯粹的运气游戏，那就大错特错了。

实际上，在地理考试中，大部分题目仍然是基于现实情况和科学原理的常规题目。例如，如图14所示，"通过《葫芦娃》动画中的六张截图，分析葫芦娃是云南人的原因"这样的问题，实际上是在考查我们对气候、生物多样性等已学地理知识的应用能力。为此，我们不仅要记住地理概念，更要学会活用概念背后的原理来分析和解决实际问题。

图14 这是一道某省地理统考题，题干给出6张图片，要求学生结合图片分析：葫芦娃是哪里人？

例如，有一次，我的地理老师一进教室就提醒我们，近日天气暖和，但未来气温将会下降，建议同学们适当增添衣物。在表达完关怀之后，他进一步解释了这种"冷锋过境前气温会短暂上升"的现象，是由于冷暖气团交汇时，冷气团挤压暖气团，机械能转化为内能，导致气温暂时升高。冷锋过境后，我们所在地区将由冷气团主导，气温随之下降。当时我对此感到非常惊讶，也是第一次意识到课本上的知识竟能如此实际地应用于生活。来到浙江大学学习后，我也常听到人们对杭州多变天气的抱怨。每当该变冷时，气温却意外升高。例如，12月有时单日最高温度仍可达二十几摄氏度。我猜想，这可能是冷暖气团交汇的结果，几天后天气可能会更冷，这种推断几乎总是准确的。这正是将理论知识与实际生活结合的典型例子。在我看来，将所学知识融入日常生活，而非仅仅为了考试，才是学习的乐趣所在。

请大家不必焦虑，归纳课本知识并将其应用于考试乃至生活中其他场景的能力并非与生俱来，而是可以通过后天的努力培养的，甚至在短时间内也能取得显著进步。我最初在地理学科上的表现并不出色，在高二下学期的期末考试中只获得了82分。然而，仅仅半年后，在高三上学期的"首考"中我就幸运地取得了满分。（注：在浙江的高考体系中，选考科目如政治、历史、地理、物理、化学和生物都有两次考试机会：一次在1月，称为"首考"，一次在6月。最终成绩取两次考试中的较高分。）

事后回想，一切变化都源于乐趣——高三的地理老师十分风趣，让我更敢于提问，也更愿意投入时间学习地理，分数也在不知不觉中逐步提升。所以，如果你现在觉得地理是"玄学"，不妨来看看我是怎么在地理学习中找到乐趣的吧！

02 我的记忆法——勤翻笔记

作为文科生，高中时期最让我头疼的就是背书，特别是"昨天刚背过，今天就忘了"的情形，总是会给我带来强烈的挫败感。但现在我慢慢明白了，并非所有人都能过目不忘。如果背一遍记不住，那就多背几遍。根据艾宾浩斯遗忘曲线，只要在遗忘的临界点反复复习，终有一日你会发现，原来十分令人头疼的知识已经牢牢地刻在了脑中。

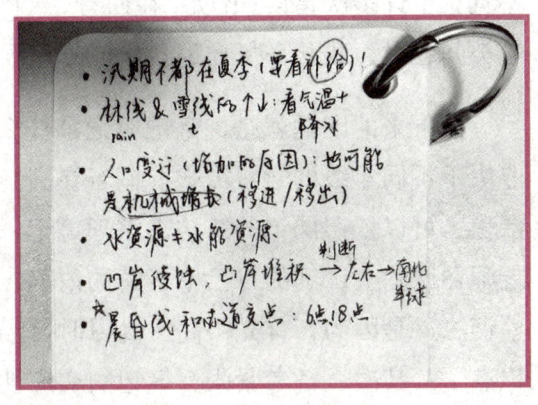

图 15

高中时，我会把主观题的思路和客观题的易错点写在这样的小卡片上反复查看，如图 15，比如排队打饭时，或者考试前一天的晚自习。

> **余帅说：**
> "崔同学使用小卡片记录错题或知识点的方法很实用。这种方法在吃饭、坐车等碎片化时间，可以方便地拿出来复习。由于卡片小，内容简洁，排队打饭的几分钟就能快速浏览一遍，有助于加深记忆。千万别小看这几分钟，每天坚持看下去，你会收获颇丰。"

那么，背诵的具体内容是什么呢？答案是笔记。需要明确的是，笔记本应服务于复习。所以，做笔记和勤翻笔记应双管齐下，缺一不可，而不是记完就不再翻看了。在反复翻看笔记的过程中，你或许会惊讶地发现，自己在类似的题目上竟不知不觉犯了许多次错误。比如，在回答"对比 A、B 两地位置特征"这类问题时，我几乎每次都会忘记分点阐述异同。

接下来的问题就是，笔记应记录什么内容呢？我认为，这取决于不同年级的学习需求。倘若在高一、高二，仍在学习新课程，可以依照课本的结构来整理笔记；到了高三，可以记录老师在课堂上讲到的自己不了解的内容，或直接从错题中整理笔记。这是因为，首先，高三复习时已经没有时间全面整理知识点了；其次，备考紧张，笔记的实用性比美观更加重要，按照课程整理的效率不如直接从错题中提取有效信息高。对于课堂上讲到的我不了解的内容，我通常不是边听边记（除非老师专门留出做笔记的时间），而是先简单地记录，课后再补充完整，这样就能更专注于听讲和理解，而非机械地抄写内容。对于错题整理的笔记，我秉持的观念是"纠错比刷题本身更重要"。过分关注"答对题目"或者"错误频发，考试在即，提升无望"的心态，会阻碍我们通过错题巩固还没有掌握的知识点。

除了要经常翻阅笔记以外，还应将重要的地图（如洋流、季风、气候与植被分布）牢记于心。经纬度能帮助我们辨别这个地方在哪里，并推测其气候和地貌特征等。

余帅说：

"做题不要关注对多少，或者错多少，这不是最重要的，重要的是找出错因，分析、归纳和总结，主动向老师、同学请教，以免下一次再出现同样的错误。"

03 梳理个性化的答题框架

虽然老师通常会讲解地理大题的答题框架，教辅资料上也有相关介绍，但我认为这些框架还需要进一步加工，这样印象才会更加深刻，也更适合自己的情况。例如，分析某地的区位优势时，老师会提到自然条件方面的区位要从"气候""地形""水文""土壤""生物"等角度来分析，而我常常不知道如何从"水文"角度分析。所以，我在平时做题时会留意答案中涉及"水文条件"的关键词，并将它们补充到自己的答题框架中。

在我看来，地理大题大致分为两类：

一类是描述型的，这类题目通常较为客观，只要掌握了描述框架，一般就能拿到满分；

另一类是分析型的，这类题目相对而言比较主观，与材料的关联程度更高，完全依照之前背诵的框架作答不一定能够获得满分。

由于我的地理笔记已经遗失，在查阅一些资料后，我简单地绘制了两个思维导图，如图16、图17所示。

列出这些思维导图的初衷是帮助大家更好地理解"描述型""分析型"题目的特点，但这并不意味着这个例子呈现的答题框架是完备的。正如前面所说，自己总结的才是最适合自己的！

描述类

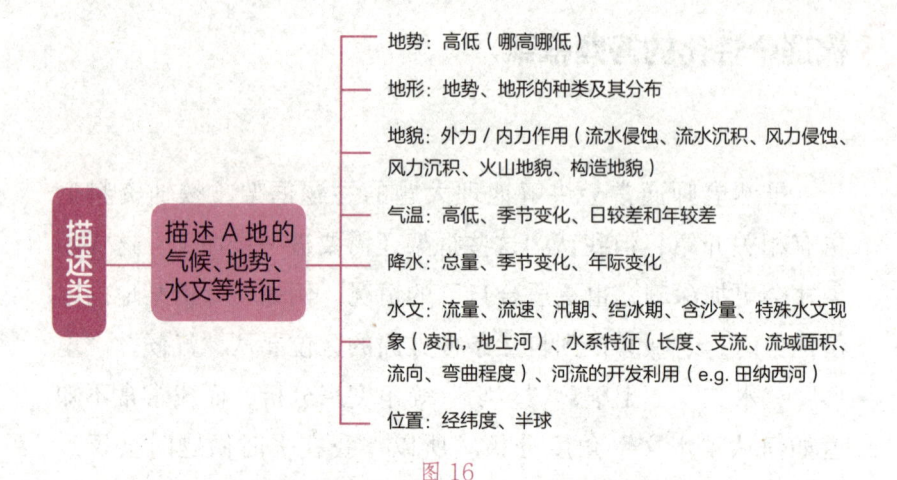

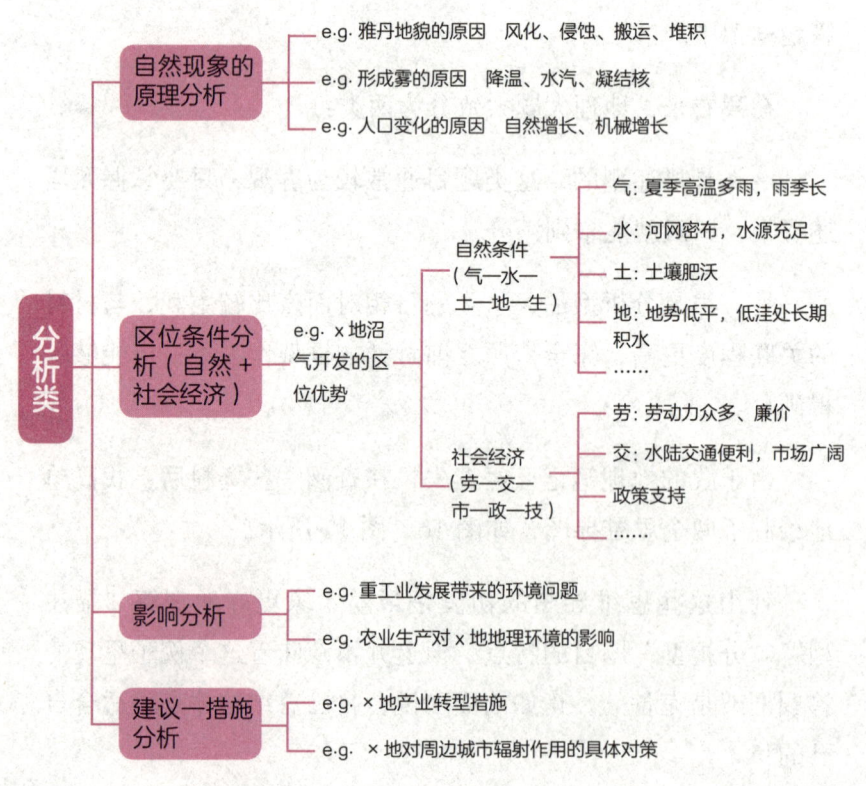

描述 A 地的气候、地势、水文等特征

- 地势：高低（哪高哪低）
- 地形：地势、地形的种类及其分布
- 地貌：外力/内力作用（流水侵蚀、流水沉积、风力侵蚀、风力沉积、火山地貌、构造地貌）
- 气温：高低、季节变化、日较差和年较差
- 降水：总量、季节变化、年际变化
- 水文：流量、流速、汛期、结冰期、含沙量、特殊水文现象（凌汛，地上河）、水系特征（长度、支流、流域面积、流向、弯曲程度）、河流的开发利用（e.g. 田纳西河）
- 位置：经纬度、半球

图 16

分析类

自然现象的原理分析
- e.g. 雅丹地貌的原因　风化、侵蚀、搬运、堆积
- e.g. 形成雾的原因　降温、水汽、凝结核
- e.g. 人口变化的原因　自然增长、机械增长

区位条件分析（自然+社会经济）

e.g. x 地沼气开发的区位优势

- 自然条件（气—水—土—地—生）
  - 气：夏季高温多雨，雨季长
  - 水：河网密布，水源充足
  - 土：土壤肥沃
  - 地：地势低平，低洼处长期积水
  - ……
- 社会经济（劳—交—市—政—技）
  - 劳：劳动力众多、廉价
  - 交：水陆交通便利，市场广阔
  - 政策支持
  - ……

影响分析
- e.g. 重工业发展带来的环境问题
- e.g. 农业生产对 x 地地理环境的影响

建议—措施分析
- e.g. x 地产业转型措施
- e.g. x 地对周边城市辐射作用的具体对策

图 17

04 要不要拓展？

你可能经常听到这样的建议："多读《中国国家地理》，它能拓宽视野，很多老师出题时也会从中选取素材。"在我看来，这种方法确实有其价值，但它更像是锦上添花，有它当然更好，没有也不会造成太大的影响。

首先，地理考试出题素材的范围非常广泛，真正遇到自己曾经阅读过的材料的概率并不高。因此，如果将大量精力投入拓展阅读上，寄希望于老师出的题目恰好是自己读过的内容，这显然不是一个明智的选择。

其次，许多地理题目"万变不离其宗"。例如前文中提到的"葫芦娃的老家为何在云南"，仔细分析后就会发现，这一题目实际上考查的是课本上的知识，只是以更新颖的方式呈现出来。

需要注意的是，我并不是在否定拓展阅读地理读物的价值。对于学习能力较强、有余力的同学来说，阅读地理读物是一种很好的补充。如果希望通过短期内的杂志阅读来显著拓展知识面，这可能并不现实。而且，即使没有这些课外的阅读材料，也不会有太大问题，只要你紧跟老师的教学进度，注重在做题过程中总结经验，同样可以取得很好的成绩。

> 余帅说：
>
> 理解并掌握课本上的习题、平时老师布置的作业和每次考试试卷中的题目，实际上就足够了。因为几乎所有考试题目都是基于课本知识点的，正所谓'万变不离其宗'。如果你在学习上还有余力，建议你将更多时间投入其他科目，这样性价比会更高。

05 良好的学习心态

在高中时期，我的笔记本上写着一句激励自己的话："干就完了！"这句话源于我习惯性地逃避一些任务，总是想先待在自己的舒适区内。例如，我倾向于先学习自己擅长的科目，或者玩手机、发呆，直到心情愉快、感觉"进入状态"后才去触碰那些我认为比较困难的科目。但这种做法往往让我始终找不到"开始学习"的最佳时机。因此，一旦决定了要做的事情，就应该立即行动！当然，这句话更多是针对那些犹豫不决的同学，而不是那些像子路一样果断的同学（注：子路是孔子的弟子之一，具有勇敢果断的特征）。

人们常常过多地关注与他人的比较，而忽视了自我，不清楚自己真正追求的目标。因此，请大家不必因为同学的学习进度快而感到焦虑，为自己设定过高的目标。只要根据自己的实际情况制订计划，确保充足的休息时间，并且坚信只要脚踏实地地努力，就一定会有所进步。

06 选择题应试技巧

● **圈画关键词**

"错误的是""不同之处"这类关键词需要特别留意，同时也要关注图的图例和横纵坐标轴。

时光回溯至2021年1月的首考。当时，我刚做完试卷，正回头检查几道不确定的题目。当看到最后一道选择题时，如图18所示，我突然发现四个选项的横坐标各不相同，而我在做题时竟忽略了这一关键信息，这意味着我先前选的答案必然有误。当时我的心怦怦直跳，我努力深吸一口气，不去想能否做对这道题，而是单纯地开始计算，幸运的是，在考试结束前一分钟，我算出了正确答案。正是这道题在关键时刻拉了我一把，让我在那次地理考试中拿到满分。这样一来，我就可以暂时放下这门课，集中精力专攻其他科目。

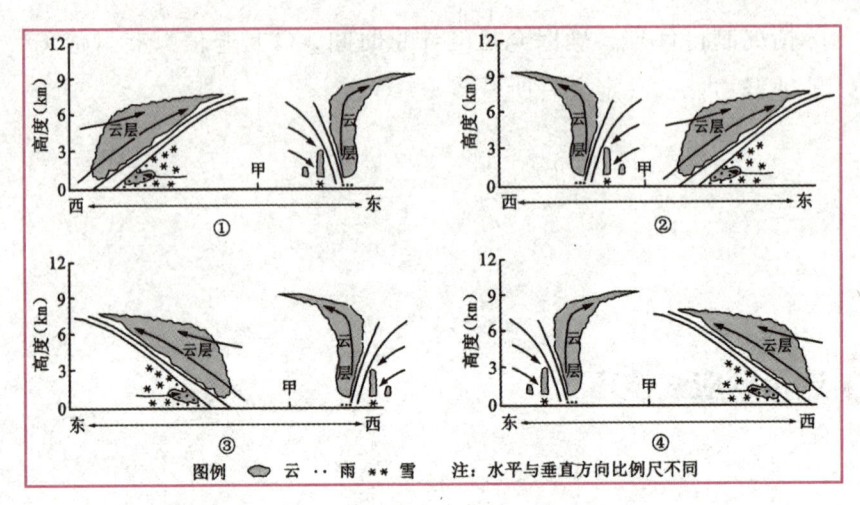

图 18

● **相信常识，不要钻牛角尖**

城市地域有住宅、商业、办公和文化等功能分区。图19中表示住宅区和商业区的曲线分别是（　　）

A. ①和②　B. ②和③　C. ①和④　D. ③和④

某城市一日不同功能区停车率变化图

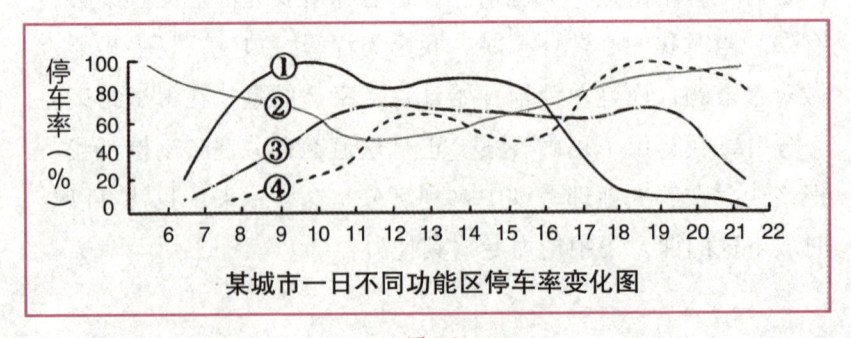

图 19

有的同学可能对停车率的理解有所困惑，纠结"它是不是进入小区的车辆与离开小区的车辆的比例呢？"最终花了很长时间，依然做不出这道题。其实，依据常识我们可以推断出小区停车的高峰期通常是晚上大家下班回家的时候，而车辆流动的变化则发生在大家早上外出上班的时段。所以如果早上七八点停车率特别低，那显然不是住宅区。据此，我们可以确定住宅区的停车率曲线应该是②。

● **善用排除法**

仍以上面这道停车率变化的题目为例。如果选出了②，就能排除 A、C、D 选项了，这道题比较特殊，一般来说，通常只能排除两个选项。但是如果你按选项依次代入，比如验证 A 选项中①是否为住宅区，②是否为商业区……这样会很费时间，而且往往要看到最后一个选项才能做完题目。因为在前面看到正确选项的时候，你也会犹豫，要不要继续看下去，万一后面还有更合适的选项呢？

余帅说：

"高中选修地理科目的同学，不妨仔细阅读崔同学的解题思路，确实值得借鉴。其实老师始终认为，相较于单纯的勤奋，提升学习效率更为重要。世界上不缺乏努力的人，但能够考入名校绝非仅有努力就够。细读此书，你将发现这些名校生拥有一些你尚未掌握的优秀学习方法和习惯，这正是他们能够脱颖而出的关键所在。所以，希望同学们能将这种解题方法应用到自己的学习中，这将极大地助力你们的学业进步。

07 大题应试技巧

考试时做大题基本上靠前文所述的"答题框架"。但需要注意的是，虽然没有框架万万不行，但是框架本身并非万能。最终的答案应是题目信息与我们所学知识的有机结合。

28. 阅读材料，完成下列问题。（12分）

材料一：日本农业发达，但该国粮食价格缺乏竞争力，随着国内农产品市场逐步放开，粮食自给率从1960年的79%下降到2018年的37%。右图为亚洲部分地区配图。

气水土地生，
市交劳政技

材料二：图中甲地某农业企业开发出一种新型温室大棚。通过调节地下管道中的水温，控制大棚内温度，种植原产于热带的芒果，可使其在冬季上市。

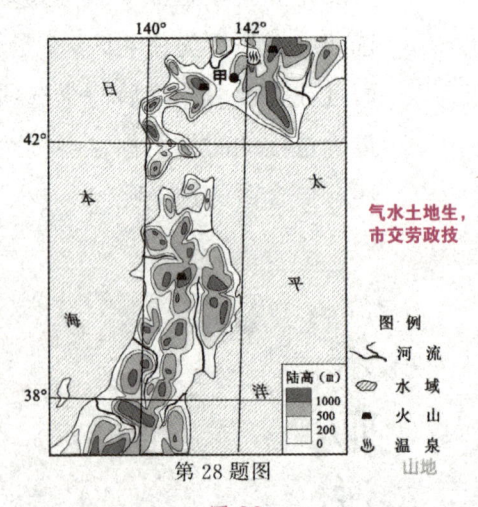

（1）简述图示区域的地形特征。（3分）

（2）说明该企业可在冬季种植芒果的自然优势，并简述利用新型温室大棚生产的社会经济意义。（5分）

（3）分析日本粮食竞争力较弱的主要原因。（4分）

"气水土地生，市交劳政技"为区位条件分析角度的缩写：其中："气"指气候条件，"水"指水文条件，"土"指土壤条件，"地"指地形条件，"生"指生物条件，"市"指市场条件，"交"指交通条件，"劳"指"劳动力条件"，"政"指政策条件，"技"指技术条件。

我做题的时候，会在题目旁边标注答题框架的关键词，并提取题目中的关键信息。其中，灰色标注的是题目中提取出的信息，粉色标注的是原来背诵过的答题框架。将灰色标注和粉色标注相互对照，可以发现，重合的部分是框架中"地"，而不是不加区分地将"气、水、土、地、生、市、交、劳、政、技"全部写上。

08 良好的考试心态

日常积累固然重要，但考试心态也是成绩波动的关键因素。

我们常常因为过度紧张而误读题目，最终导致成绩不如人意。我曾在地理考试前收到温柔美丽的班主任的鼓励信和巧克力，这让我在考试时心情舒畅，也因此取得了不错的成绩。这也侧面说明了适度放松能够提升考场表现。

"岂能尽如人意，但求无愧于心。"在考试时，大家不必过分紧张，只需发挥出自己的正常水平，做到问心无愧即可。对于那些无法掌控的因素，过度紧张也无济于事，更不必为此感到焦虑。

09 发现乐趣，才能变得越来越强大

在初高中时期，我最大的困扰是学习动力的不稳定，尤其在升学关键期，这种状态更为明显。好在班级学习氛围浓厚，即便我内心不想学，也还是抱着不能落下的心态，和大家"并肩作战"。临近中高考时，我常常陷入自我怀疑，总是问自己：浙江省的考题难度大，有些题目还十分古怪，为何毕业后没有人推动高考改革来突破应试教育的困境呢？

进入大学后，我逐渐明白，高考前我所期盼的"救星"其实就是自己。就像《哈利·波特与阿兹卡班的囚徒》中哈利误以为是他的父亲派守护神来救他，却不知是长大后的自己穿越时空回来拯救了自己一样。在过去、现在和未来，我们总会面对各种焦虑和困惑，其实不必害怕，只要顺其自然，终有一天

会找到解决之道。希望你也能慢慢发现学习地理的乐趣，变得越来越强大！

余帅说：

"我们每个人都有自己的人生剧本，每个人选的剧本不尽相同。有些人觉得平淡安稳的一生太无趣，就选择了充满挑战的人生旅程，而有些人则喜欢安稳宁静的生活。但无论做出怎样的选择，既然人生这场大戏已经拉开帷幕，那就全力以赴吧！毕竟在属于自己的这个剧本里，能拯救我们的，唯有自己，不是吗？

考试并非所谓的'苦难'，而是一场游戏，是你实现晋级通关的关键所在。一旦成功通关，繁华盛景与自由时光都在前方等着你。"

逆袭北大：从物理不及格到理综年级第一

学校：北京大学

姓名：孙雨馨

2019 级　北京市　高考物理成绩 118 分

作为北京高考改革前最后一届实行文理分科的考生，我曾在高一结束后的文理分科抉择上长时间纠结。我深知自己在物理学科上的不足，常常跟不上课堂的进度，甚至在高一下半学期的物理月考中首次不及格，这让我对学习物理缺乏信心。与之相比，我在历史、地理、政治等文科课程上相对得心应手。尽管如此，我还是决定挑战自我，坚定地选择了理科方向。

通过调整学习策略，我实现了理综成绩以及总分的大幅提升。回顾高中三年，我一边同时攻克物理、化学、生物三科，一边不断巩固语文和英语的优势，最终取得了理综年级第一的成绩，并考入了理想的学校——北京大学。

我将自己的学习方法总结为"善于记笔记、精于做总结、勤于练习与记忆、善于发现规律"，这既包含应试技巧，也融入了日常的学习习惯。接下来，我给大家介绍我高考成绩不错的学习科目：语文、英语、物理、化学、生物。

01 语文怎么学？

语文一直是我最擅长的科目，整个高三期间，我的语文成绩从未低于 120 分。至今我仍清晰地记得，在高三的首次摸底考试中，我的语文成绩能比其他人高出 40 多分，这差不多等同于一篇大作文的分数。以下是我总结出的语文学习方法。

● 如何记笔记？

在语文学科中，我的笔记主要集中在古诗和古文的学习上，因为古诗和古文中有大量需要记忆的知识点，例如虚词、实词的含义等。与其他学科不同，我的语文笔记都是直接记在书本上的。我会在原文下方标注古诗古文中出现的字、词的特殊含义。此外，我会在书页边缘记录文章的背景、作者简介、主旨大意及特殊意象等信息。这种记录方式让对照原文复习变得更加便捷。一次投入后，在后续遇到相同题目时，便能迅速回看自己的笔记，掌握该题目所涉及的全部相关知识。这意味着每解决一次问题，就进行了一次全面的复习。久而久之，相关知识会被更深刻地记住。

● 如何做总结？

在语文学习中，"会做总结"就如同"把书读薄"。以文言文为例，我会将重点虚词的不同意义、出处及用法单独汇总在一张纸上，以实现知识的整合，并将其简化为更清晰的形式。对于文学名著，我也采用相同的方法，根据作品清单提炼每部作品的核心内容、意义及人物功能等。这样，考题范围基本不会超出我的总结内容，使我能够灵活应对各类考试。

余帅说：

"语文科目最难的就是知识点繁多，需要有很强的记忆力，像孙同学把书读'薄'的方法就非常适用于语文学习，能让你在紧张的复习阶段通过简明的笔记或清单一下子记住重要的知识点。同时在做阅读题的过程中去总结类似问题的答题模板，这样就会在遇到类似的题目时，头脑里马上出现之前总结的答题模板，让你的学习更高效。"

● **如何背诵？**

背诵在语文学习中至关重要。语文考试中的默写部分虽难度不大，但分值较高。我通常会在每天睡前抽出 15 分钟背诵一首古诗或者一篇古文，并在第二天起床后即刻复习。借助记诵和复习的方法加强自己的记忆。对于古诗古文，不仅要熟记，还需勤加默写练习。默写时若发现有遗漏的部分，可以进行针对性复习。在背诵的过程中，尝试想象古诗古文描绘的意境、呈现的画面，并揣摩作者的创作意图，辅助记忆，有助于更好地应对理解性默写的题目。此外，我还会尝试将背诵的内容用自己的语言讲给他人听，或是向他人复述，通过知识输出加深理解，进而巩固记忆。这些小方法可以根据个人习惯灵活搭配运用，以增强记忆效果。

● **怎么总结规律？**

在语文学习中，我认为规律主要体现在答题模板上。在记叙文阅读中，每道题都有相应的答题模板。例如，当题目要求解释某个词在文中的含义时，答题思路通常是：先解释该词的本义，然后分析作者使用的修辞手法及其作用，并结合文章主旨进行回答。大部分问题都遵循这一思路。

即使是作文写作，也有其固定模式：先提出一个论点，列出三个分论点并用论据支撑，最后总结并回扣观点。如果能积累大量论据，例如随时从时事热点里记录一些关键事件和语句，并整理到自己的笔记中，作文就能轻松应对。运用这样的方法，语文考试便不再令人望而生畏。对于学理科的同学而言，语文往往是拉开与其他同学差距的关键学科。因此，"得语文者得天下"。

02 英语怎么学？

● **英语作文怎么记笔记？**

在英语考试中，作文尤为关键。为此，我专门准备了一个笔记本，用于积累各种题材的作文框架、佳词妙句、例题例文，以及我自己的写作和修改后的版本。这个笔记本成了我英语写作的素材宝库。

在这个过程中，我不仅总结了不少动作的多种表达方式、多样化的句型结构，还通过替换词语、运用多种句式，丰富了我的写作内容，实现了对英语作文素材的有效归纳。每次修改都帮助我发现自己写作的不足之处。积累了一定的素材后，我通过多次实践，学会了在遇到相似题材时直接套用，从而提高了写作效率。

> **余帅说：**
>
> 很多同学写作文时习惯临场发挥，现场构思好词好句，甚至自行改编语句。这种方式往往会使他们在作文上耗费更多的时间。因为事先没有准备好写作素材，写作过程中难免涂涂改改，进而影响卷面分数。所以，我们应当把日常写作当成考试来认真对待，将每一篇写过的作文精心修改成范文，或者多从优秀范文中摘抄好词好句。考试时方能信手拈来、下笔成章。

● **如何找到英语写作的规律？**

相较于语文作文，英语作文的题目往往更具可预测性，内容结构也相对固定。英语作文通常围绕一定的框架或主题展开，如传统文化，描述和外国学生的交流等，我们只需根据题目要求替换具体内容即可。

相比之下，语文作文更注重个人观点的深度表达和语言的文学性。其题目灵活多样，对思维的广度和深度要求更高。虽然英语作文对个人观点的展示不如语文作文突出，但通过积累常用句型、模板和素材，我们可以高效地提高分数。因此，掌握高频话题和固定表达方式是英语作文提分的关键所在。

以大作文写作为例，它通常会涉及中国传统文化的内容。这些题材往往围绕着"介绍""演讲""参观"等情景展开，例如向你的外国朋友介绍北京的美食，或描述与朋友在北京参观的一天等。作文中的情感表达通常是"有成就感"或"非常开心"等。因此，在看到类似主题时，我会迅速回顾之前的处理方式和使用过的精彩表达，并直接运用。这样，我就能更有效地掌握英语写作的规律和技巧。

● 如何记忆和背诵英语作文素材？

我认为，记忆和背诵英语作文素材的最好方法是多运用、多练习。例如，在修改作文时，尝试套用之前积累的素材，在下一次考试时，将这些素材加以应用。通过反复使用，渐渐地，当看到类似的动作、情感或内容时，我便能迅速构思成文，快速且高质量地完成英语作文。

● 英语阅读也能积累

很多同学可能认为英语完形填空或阅读理解没什么可积累

的，只能靠提升词汇量或大量刷题来提高正确率。然而，我的答案恰恰相反，英语阅读同样是可以积累的。

以完形填空为例，20道选择题的考查方向是明确的，常见的介词搭配数量较为有限，我们可以每次做完形填空时，把遇到的介词搭配记录下来。经过一段时间的积累就会发现，题目考查的介词搭配大多围绕"in、at、of、on"等几个常见介词。只要掌握这些介词的用法，就能较为轻松地应对。同理，完形填空考查的名词、形容词、副词搭配等也可以参照介词的方法积累。虽然它们的种类和数量可能更加多样化，但不断积累后，就能发现高频词的考查规律。而且，这些词语被考查的用法可能不是最常见的。如果在考场上真遇到了非常陌生的词，也可以大胆根据上下文进行推测。

再来看阅读理解，通常前2—3题都是考查对文章细节的理解，最后一题是考查对文章大意或主旨的理解。对文章细节的考查一般按照文章段落顺序依次进行，一定要在文章中标记对应题目的答案，答案可能是原句，也可能是经过转述的句子，但注意避免答案中用词过于绝对的选项。对于主旨理解类题目，答案通常出现在开篇或是结尾，也可能需要在通读全文的过程中总结归纳。这时，阅读文章就需要一些技巧。我通常会选择先看题目，然后带着问题泛读文章，再精读文章。经过两遍阅读后，基本就能把握文章大意，在时间有限的情况下，也能最大限度地提高阅读效率。

03 理综考试的时间安排

在介绍理综三科具体的学习方法前,我想先谈谈理综考试的重要技巧。理综考试要在两个半小时内完成三科题目,时间对很多同学来说十分紧张。在高三上学期,我和同学们常常因为无法答完理综试卷而感到焦虑。

由于理综考试特别注重思考过程,很少有题目能够一眼看出答案,同时对思考和书写的规范性要求很高,尤其是试卷末尾的生物大题。最初,我们常常因为时间不够而无法完成生物题,或者因时间紧迫而影响思考。因此,学会合理分配考试的时间至关重要。

最重要的一点是时刻关注时间,确保为生物大题留出至少 30 分钟的作答时间。这 30 分钟足以让你清晰思考题目并写完答案。在做选择题时,做完后立即检查,以便为后续的大题留出足够的时间。如果遇到难题一时无法解答,不妨先跳过,确保自己会做的题目都完成且做对。掌握这些考试技巧,对提高分数大有裨益。

接下来,我将详细介绍物理、化学、生物三科的具体学习方法。

04 物理怎么学？

正如前文所述，物理曾是我最薄弱的学科，连续不理想的成绩甚至让我对它心生恐惧感。在高中三年的物理考试中，我的成绩差不多在班级平均水平，甚至低于平均水平，这门学科成了阻碍我提高总分的薄弱科目。然而，我在高考中实现逆袭，物理取得了近乎满分的成绩。回过头分析，我发现稳稳拿到基础题的分数且不出错，是实现逆袭的关键。实际上，物理并没有那么可怕，许多基础题的分数是可以通过持续的练习和积累来获得的，同时你的物理思维能力也会有所提升。

● 物理怎么记笔记？

物理学科包含大量的公式和图形，公式的地位不言而喻。在我的物理笔记中，我通常用三种颜色的笔记录：黑色用于书写正文，红色标注重点，蓝色添加批注。例如，我会将关键公式和推理过程标记为红色，并用荧光笔突出一个大知识点下的多个小知识点，以确保记录完整且清晰易懂。

在记录方式上，我特别注重图文结合。图像往往比纯文字更能给人留下深刻印象，而物理学科中，公式往往比文字更醒目、更易理解。因此，清晰的绘图和公式推理构成了我物理笔记的核心内容。

在记录内容上，除了课堂上的知识点外，我还特别注重总结典型题目和错题。这并非简单地写出正确答案,而是针对错题,在参考答案的基础上,用粉色笔标注出我在思考过程中遇到的障碍、正确的思考方向以及错误原因,如图 21 所示。

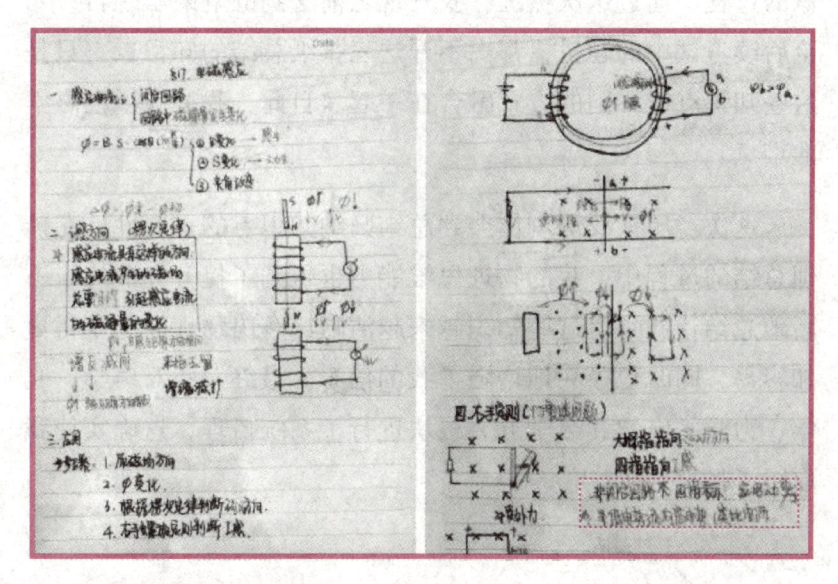

图 21

● 物理如何总结?

除了记笔记,我认为总结非常关键,它极大地推动了我的进步。记得在高二电磁学课程结束后,物理老师布置了一个假期作业,我们可以选择梳理知识来替代物理习题。我选择了知识梳理。

在这次总结中,我首先从头到尾回顾了自己的笔记,掌握了电磁学的主要内容,包括核心公式、重点模型及其要点。在初步掌握知识后,我根据每个公式相关的模型及其推导过程进行了详细梳理，并将半本笔记的内容精简至三张 A4 纸。

将笔记"看薄"的过程，本质上是一个重新思考和整合知识的过程。通过这次梳理，我发现之前遇到的电磁学题目，乃至后续考试中的题目，都离不开这三张纸总结的知识点，只是这些知识点以不同的方式融合在一起。自此，我突破了电磁学的难点。

这次经历让我深刻体会到总结归纳知识点的重要性。在梳理总结的过程中，我的物理思维能力也得到了提升和锻炼。不断地总结让我觉得这些知识越来越清晰，解决物理问题变得更加容易，同时也极大地增强了我的信心。最终，我对声学、光学、力学、电学和热学五大板块进行了系统梳理，这确实使我取得了显著进步。

余帅说：

"在理综科目中，物理相对较难。同学们往往会做大量习题，其实很多的题可能曾经遇到过，其中不乏反复做过的。而一些难题、易错题，即便多次接触，仍有可能出错。对于物理学习而言，重要的并非单纯大量刷题，而是在做题的过程中，对不会的题目进行总结归纳，深入思考其解题思路。如此这般，不会的题目数量便会逐渐减少，最终或许能将这些难题'攻克'。"

● 物理答题有技巧

在高考物理答题时，掌握一些技巧可以帮你更高效地得分。

首先是选择题部分，选择题通常是由难到易分布的。一定要保证简单题不丢分，难题则多花些时间思考。对于不定项选择题，秉持"宁缺毋滥"原则，对于没有把握的选项，可以选择放弃。审题时要抓住关键词，像"不正确""可能"等，防止因粗心而丢分。答题时可用排除法，先排除明显错误的选项，缩小选择范围；也可以通过单位或量纲分析，快速判断选项的合理性。如果遇到复杂计算题，可以用极限法或估算来简化问题，快速得出接近的答案。

至于大题，一定要分步解答，规范书写，写出必要的公式和推导过程，这样一来，即便最终结果有误，也能得到相应的步骤分。画图也是很好的辅助方法，比如力学题画受力分析图，电磁学题画电路图，能帮你理清思路。此外，计算过程中要注意单位和符号的统一，避免因小细节丢分。遇到涉及临界状态的问题，比如摩擦力或碰撞，一定要仔细分析是否满足临界条件。最后，合理分配时间很重要，先做容易的题，确保基础分到手，对于难题尽可能争取步骤分。将这些技巧与扎实的基础知识相结合，能帮助我们在高考物理中取得更好的成绩！

在物理学习过程中，遇到易错题，一定要充分利用错题本，把错题整理汇总，重点理解这类题目的整体解题思路。俗话说"再一再二不再三"，第一次犯错是学习契机，第二次犯错应引起重视，但第三次则务必避免，确保彻底掌握此类题型。而对于难题，通常没有固定的规律可循，这时候不要害怕，可以大胆推测，尽量联系自己学过的知识点，尝试用已有的知识解释和解决问题。这样做不仅能提高解题能力，还能加深对知识的理解，逐步提高自己的综合素养。

05 化学怎么学？

化学一直是我擅长的科目。在我看来，在理综科目中，化学更侧重于记忆。化学的核心组成部分是方程式和各种物质的性质，牢记这些是解决化学问题的基石。

● **化学笔记如何记？**

与物理学科类似，我也使用不同颜色的笔来标注重点内容和批注。在记化学笔记时，不能有丝毫懈怠，尽管很多内容是纯文字描述，例如一些物理性质和化学性质的关键术语，这些在解题时是必不可少的。因此，在记笔记时务必确保无误。化学方程式的重要性不言而喻，除了反应物和生成物，反应条件也不容忽视。遇到特殊反应条件，我通常会用粉色笔标注，如图22所示，以加强记忆。我也会专门记录自己的错题。解答化学题目往往涉及多个步骤和不同情况的分析，记录错题的过程也是学习和掌握解题思路、进行深入分析的过程。

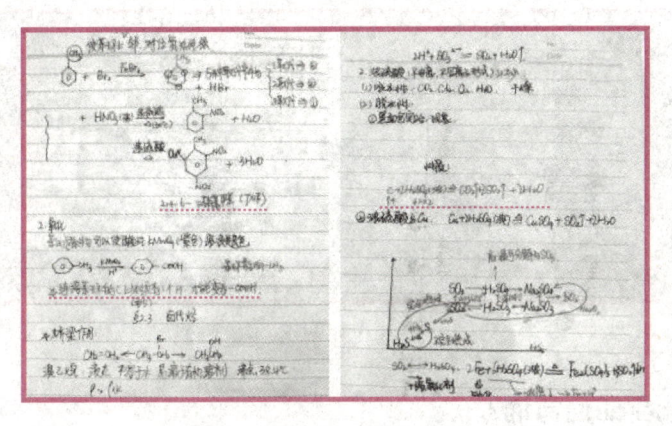

图 22

● **化学如何归纳总结？**

　　高考化学的核心内容涉及几个关键元素和物质。每种元素的特性，以及不同的物质之间的转化过程，都是通过化学式、反应方程式、化学规律来体现的。我用坐标轴系统地整理了这些关键元素和物质的性质，其中纵轴代表元素的不同价态，横轴代表物质类别。通过在不同物质之间绘制连线并分析它们是否能够发生反应，以及反应的条件，我将这些物质的多种性质有效地串联起来。这种方法让我在遇到特定的元素或物质时，能够迅速联想到它们所有的相关性质。

　　此外，在化学学习中，对实验的总结也尤为重要，这涉及对实验仪器的形状、性质和使用方法的掌握。我通常会亲手绘制这些仪器的图示，如图 23 所示，并标注出关键信息。俗话说，

"好记性不如烂笔头",通过反复地绘图和总结,我更有效地将大量的细节知识牢记于心。

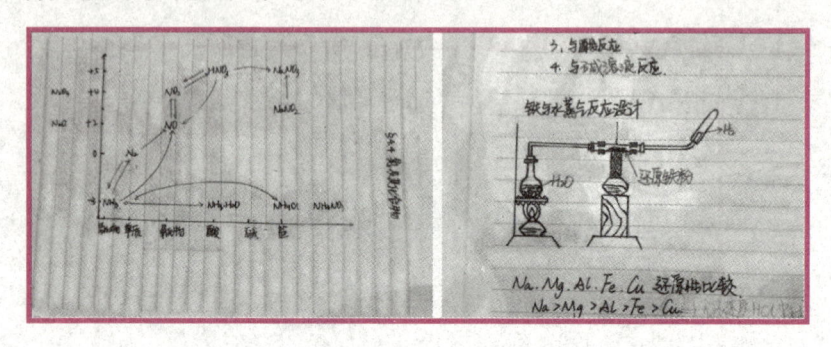

图 23

● 化学如何背诵?

化学其实是一门需要记忆的学科。在梳理和归纳总结后,一定要下功夫去背诵,记住反应物和生成物。在化学考试中,常考查通过元素性质解释物质的氧化性或还原性。例如,从元素的原子序数、所属族别、电子排布,到其如何得失电子,这些内容虽有规律可循,但仍需记忆。因此,学习化学不能偷懒,必须用心记忆关键物质、性质和原理。

> **余帅说:**
>
> "你可以把化学知识点类比成古诗词,化学本就是一门需要背诵的学科,只不过在背诵过程中会涉及一些类似数学题的推理计算。从这个角度来看,化学学习离不开持续的背诵和记忆,并且要通过刷题来巩固记忆,深化对知识的理解。若想在化学这门学科上想取得好成绩,一定要勤于背诵。"

● **化学题目如何寻找规律**

在寻找规律方面，化学题目往往基于基础知识，并结合实验或实际场景进行拓展。题做多了不难发现，题目主要是围绕铁、铜等关键物质展开。通过分析题目的出现频率和出现方式，我们可以有针对性地整理这些物质的性质及其在工业中的应用，以便更有效地解答题目。

化学选择题的题型相对固定，得分的关键在于仔细审题，特别要留意题目中的细节，比如实验器材的正确使用方式、图表信息等，避免因粗心而丢分。大题通常前几问较为简单，有固定的话术和答题套路，结合题目背景作答即可。答题时需重点关注核心物质的性质和变化规律。后面的实验设计或推理题，需要基于课内知识进行拓展延伸，但其核心依旧是扎实掌握基础知识。刷题是有效的学习方法，但更为重要的是在刷题过程中总结核心物质（如硫、氯）的性质，并熟记于心。有机题可能涉及复杂的结构推测，这时要牢记各官能团的性质和反应逻辑，将复杂问题进行拆解。既可以从前往后推理，也可以从后往前推理，将问题化繁为简，逐步求解。

06 生物怎么学？

● **生物如何记笔记？**

生物学习与化学学习有许多相似之处，都包含大量需要背诵记忆的知识点，例如细胞内各个结构的名称及其功能等。此外，生物学还涉及许多流程性的内容，例如激素如何调节人的行为。在理解这些机制的过程中，我们需要清晰地记住每种激素的作用，并按照固定模板来回答调节过程。因此，在生物笔记中明确标注需要重点背诵的知识点尤为重要。

我沿用了理科学习的通用方法，使用不同颜色的笔来标注重点内容。同时，我非常重视自己绘制生物知识图表的过程。这样做不仅能帮助我认识并记住图表的细节，还能加深我对知识的理解。特别是在学习遗传的相关知识时，清晰地绘制有丝分裂和减数分裂的图表，能帮助我理解基因的多种组合方式。这对于我这种一直不擅长数学排列组合、对遗传的相关题目感到困惑的人来说，帮助极大。当思维受阻时，动手绘制图表能有效地帮助我分析和解决生物学问题。

● **生物学习如何找规律并归纳？**

生物知识的总结归纳具有重要意义，主要涉及各种物质的性质和调节过程等内容。此外，在生物学学习中，实验操作的掌握也至关重要。实验需要明确区分自变量、因变量和控制变量，并掌握操作自变量、观察因变量以及保持控制变量不变的方法。大多数生物学题目都是基于这一框架设计的，这也是解决生物学问题的重要规律。

通过大量实验类题目的训练，我们应在完成每道题目后反思自变量、因变量和控制变量的设置，以及操作和观察的方法。这将有助于我们在下次遇到实验类题目时，迅速识别相关信息并展开思考。

● **生物学习如何背诵？**

学习生物学科不能仅靠死记硬背，理解记忆才是关键。从我之前的笔记和归纳总结来看，明确各个名词的含义是学习生物的重要基础。例如，植物细胞的结构及其功能，或者人体激素之间的相互作用，这些内容并不要求一字不差地背诵，而应着重理解它们之间的逻辑关系，并用自己的语言表达出来。此时，总结归纳的作用就显得尤为重要。总结归纳是通过自己的思考对知识进行内化的过程。只有通过总结归纳并反复记忆，才能真正做到把生物学知识内化于心，图24是我的笔记，由于时间较长不太清晰，大家看看了解下即可。

余帅说：

" 倘若你认为生物仅仅是一门需要理解记忆的学科，而忽视背诵环节，那么学到后面，当你面临大量背诵任务的时候，很可能会陷入崩溃。事实上，生物学习是一个在背诵中穿插理科思维的过程，只有通过不断刷题，才能强化记忆，更深入地理解某个知识点。"

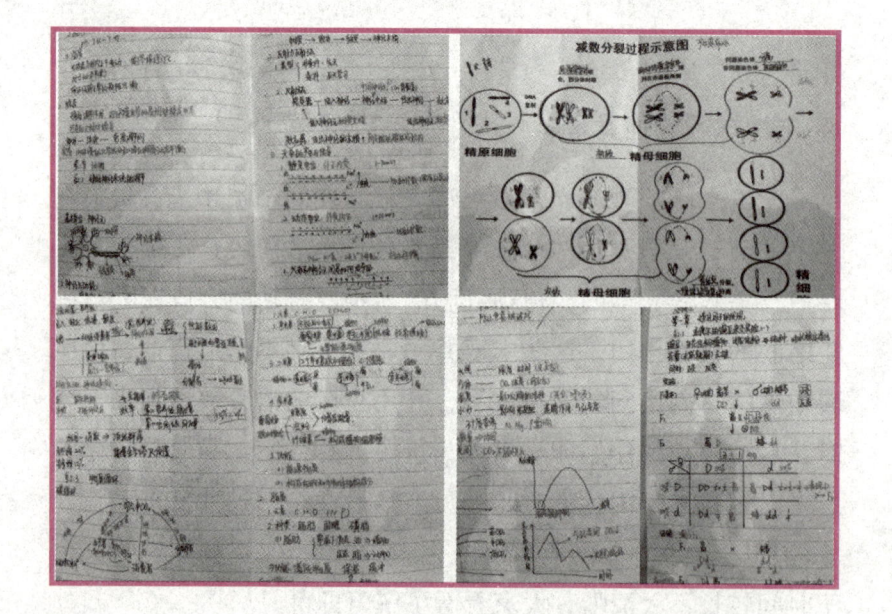

以上便是我学习方法的分享。高考涵盖的知识范围虽然有限，但各学科之间存在着紧密的联系。运用"善于记笔记、精于做总结、勤于练习与记忆、善于发现规律"的学习方法，能有效串联各学科知识点。在牢固的知识基础上，掌握并灵活运用规律，足以应对理综科目的大部分题目。此外，保持敢于猜测、勇于攻克难题的勇气至关重要。在理综考试中，难题毕竟占少数。而且有些题目的答案具有开放性，可能是极值情况，也可能是"天马行空"的开放式回答。大胆猜测并从结论反推，不失为一种解决问题的有效方式。我相信，大家都能够掌握理综的学习技巧，取得优异的成绩！

你的镁（美）偷走了我的锌锌（心）
——原来用化学知识来表白那么酷

学校：上海交通大学

姓名：刘俊昊

2019级　辽宁省　高考化学97分

01 "烧杯"软件

我初次接触化学这门学科是在初中二年级，当时母亲为我报名了一个化学兴趣班。授课的王老师在第一节课就要求我背元素周期表的前三十个元素，但她的讲解方式让我觉得晦涩难懂。不过，在母亲的鼓励下，我还是坚持了下来。随后的每节课后我都需要背诵大量的知识点，当时感觉这比背古文还要困难。但现在回想起来，正是那段时间打下的坚实基础，让我在高中化学学习中能够游刃有余。

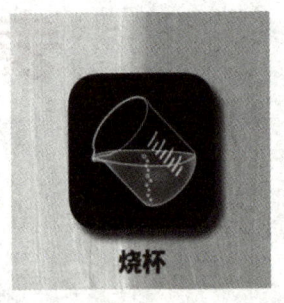

图 25

然而，真正让我爱上化学的是一款名为"烧杯"的软件，如图 25 所示。在里面，你可以选择各种化学物质，在设置特定条件和物质量后，观察化学反应的过程和现象。通过模拟实验来验证在学校学到的化学方程式，可以加深你对这些方程式的理解。此外，这款软件还能激发你探索化学世界的兴趣。

例如，在学校里我们曾学习过铜（Cu）与浓硫酸（H_2SO_4）

在加热条件下生成硫酸铜（$CuSO_4$）和二氧化硫（SO_2）的反应。在"烧杯"软件中，你可以亲眼看到溶液变成蓝色并产生气泡。当你关闭软件中的酒精灯后，反应随即停止。这种实践体验显然比单纯听老师讲解要深刻得多。

无论你是文科生还是理科生，我敢肯定，做化学实验会让你深深爱上化学。从简单的酸碱指示剂实验到复杂的有机合成过程，每一次实验的成功都能带给我们巨大的满足感和成就感。实验不仅能验证理论知识，还能锻炼我们的观察力和解决问题的能力。更为重要的是，它让我们亲眼见证物质转化的奇妙过程，享受化学带来的惊喜与乐趣。

余帅说：

"如今，网络特别发达，我们在学习上遇到任何不懂的问题，都可以迅速上网查资料。此外，优质的网络课程也能帮助我们查漏补缺，例如刘同学提到的烧杯APP，它通过模拟实验让我们体验化学变化的过程，有效提升了知识掌握的牢固程度，并增加了化学学习的趣味性。我们应该充分地利用网络资源或学习软件，巩固所学的知识。"

02 你的镁偷走了我的锌

深入探究化学背后的原理和故事，你会深深爱上化学。每一个化学公式背后都蕴藏着丰富的历史渊源和科学逻辑，每一种元素都有其独特的故事。如果你想向心仪的女孩表白，不妨尝试运用化学元素和反应来传达你的心意。例如：$Mg+ZnSO_4=MgSO_4+Zn$（你的镁偷走了我的锌）；"五氧化二磷"（把"氧化"去掉就是我想对你说的）；或者形容你的爱像碳的同位素一样长久，变化需要长达 5730 年。

03 《名侦探柯南》，碘与指纹破案的故事

如果你喜欢看《名侦探柯南》，那你一定会知道碘与指纹破案的故事。在侦探小说和电影中，我们经常看到办案人员利用指纹来破案的情节。实际上，有一种简单的方法在家也能尝试：在一张白纸上轻轻按压手指，将指纹部位对准装有少量碘的试管口，用酒精灯加热试管底部。当紫色碘蒸气升华并与纸接触后，原本看不见的指纹就会逐渐显现，变成棕色。更神奇的是，即便将这张白纸存放数月后重复实验，隐藏在纸面上的指纹依然清晰可见。

这是因为每个人的指纹都是独一无二的，手指上常沾有油脂、矿物油和汗水等物质。当我们用手指按压纸张时，这些物质会留下痕迹，但肉眼难以察觉。纯净的碘是一种紫黑色的晶体，具有金属光泽。有趣的是，大多数物质在加热时会经历固态、液态和气态的三态变化，而碘却能直接从固态变为气态，这种现象被称为升华。此外，碘还容易溶解于有机溶剂。由于指纹中的油脂、汗水等含有有机物质，碘蒸气与这些物质接触后溶解其中，从而显现指纹。

04 如何学习化学，技巧大放送

化学常被称为"理科中的文科"，这一说法凸显了它对理解和记忆的双重需求。在学习化学时，我们的首要任务是扎实掌握基础知识，例如元素符号、化学式以及基本概念。为了更牢固地掌握这些知识，我们需要对所学内容进行分析、综合、比较和归纳总结，揭示出它们之间的内在联系和规律，从而加深记忆。

例如，当我们理解了氧化还原反应、离子反应、化学平衡和电离平衡等核心概念之后，再进行记忆就会更加轻松。为了加深记忆，必要的重复是不可或缺的。通过反复默写、口头复述等方法，我们可以将短时记忆转化为更为持久的长时记忆。

此外，对所学知识进行系统分类也至关重要。通过归纳总结各类知识的特征，我们可以更容易地推导出相关结论。例如，在掌握了各个主族和周期的相似性及递变性规律后，理解具体元素单质和化合物的性质就会变得相对简单。

同时，比较相似或相对立的知识也是学习化学的有效方法。通过找出它们之间的异同点，我们可以更深入地理解这些知识的内在联系。例如，硫黄和过氧化钠都是淡黄色粉末，但它们在水中的溶解性和反应性却截然不同：硫黄不溶于水，而过氧化钠能与水反应生成 $NaOH$、O_2 和 H_2O。通过这样的比较，我们可以更加清晰地理解这些物质的性质及其相互关系。

在我看来，化学的学习方法可以概括为"记"和"背"两个关键字。

关于"记"。由于化学的知识点繁多且细碎，因此记笔记尤为重要。我高中时对其他科目没有记笔记的习惯，但化学是个例外，否则实在很难记住那些细节。值得一提的是，化学的知识点并没有绝对的重要与次要之分，它们的价值更多体现在试卷上的出现频率。因此，全面记忆是必要的，以防在某次考试中遇到冷门考点。

关于化学笔记的整理，我建议按章节分类记录，如图26所示。所谓"分开记"，是指在课后或做题时，如果发现遗漏或需要拓展的知识点，应及时补充到相应章节。这样一来，在考试复习时能高效地回顾和整理知识点。

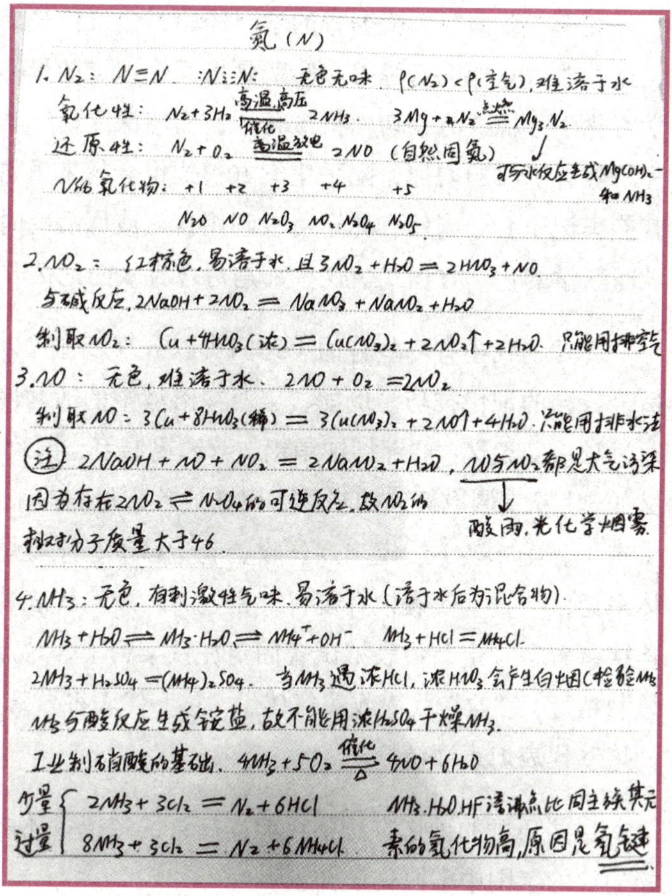

$$氮(N)$$

1. N_2: $N=N$, $N\equiv N$. 无色无味. $\rho(N_2) < \rho(空气)$, 难溶于水.

   氧化性: $N_2 + 3H_2 \xrightarrow[催化]{高温高压} 2NH_3$. $3Mg + N_2 \xrightarrow{点燃} Mg_3N_2$

   还原性: $N_2 + O_2 \xrightarrow{高温放电} 2NO$ (自然固氮) ↓ 可与水反应生成$Mg(OH)_2$和NH_3

   N的氧化物: +1 +2 +3 +4 +5
   　　　　 N_2O NO N_2O_3 NO_2,N_2O_4 N_2O_5

2. NO_2: 红棕色, 易溶于水. 且 $3NO_2 + H_2O = 2HNO_3 + NO$

   与碱反应: $2NaOH + 2NO_2 = NaNO_3 + NaNO_2 + H_2O$

   制取NO_2: $Cu + 4HNO_3(浓) = Cu(NO_3)_2 + 2NO_2\uparrow + 2H_2O$. 只能用排空气法

3. NO: 无色, 难溶于水. $2NO + O_2 = 2NO_2$

   制取NO: $3Cu + 8HNO_3(稀) = 3Cu(NO_3)_2 + 2NO\uparrow + 4H_2O$. 只能用排水法

   注 $2NaOH + NO + NO_2 = 2NaNO_2 + H_2O$. NO与NO_2都是大气污染
   因为存在 $2NO_2 \rightleftharpoons N_2O_4$ 的可逆反应, 故NO_2的 ↓
   相对分子质量大于46　　　　　　　　　酸雨, 光化学烟雾.

4. NH_3: 无色, 有刺激性气味. 易溶于水 (溶于水后为混合物).

   $NH_3 + H_2O \rightleftharpoons NH_3 \cdot H_2O \rightleftharpoons NH_4^+ + OH^-$　$NH_3 + HCl = NH_4Cl$

   $2NH_3 + H_2SO_4 = (NH_4)_2SO_4$. 当$NH_3$遇浓$HCl$, 浓$HNO_3$会产生白烟 (检验$NH_3$)
   NH_3与酸反应生成铵盐, 故不能用浓H_2SO_4干燥NH_3.

   工业制硝酸的基础. $4NH_3 + 5O_2 \xrightarrow{催化} 4NO + 6H_2O$

   少量 $\{2NH_3 + 3Cl_2 = N_2 + 6HCl$　　NH_3,H_2O,HF沸点高比同主族其元
   过量 $\{8NH_3 + 3Cl_2 = N_2 + 6NH_4Cl$　素的氢化物高, 原因是氢键

图26

> 我非常赞同刘同学的观点, 大家都应该准备笔记本, 根据自己对知识的掌握程度进行分类记忆。一般来说, 应记录掌握不牢固的知识点, 而已经掌握的内容则可以划去或不必记录。这样, 在临近考试的时候, 可以方便地查阅笔记。

余帅说

关于"背诵",根据我的学习经验,建议你先浏览一遍知识点,然后立即进行练习。实践是巩固知识点的最佳途径。在学习化学方程式时,切勿机械背诵,而应深入理解其背后的原理。随着练习的增加,配平化学方程式也会越来越熟练,自然就能牢记于心。当然,你还可以利用自习或课后的时间,专门默写新学的化学方程式,这些都是行之有效的记忆方法。

此外,我还有一些背诵小窍门可以分享。你可以尝试创造适合自己的记忆技巧。例如,金属在溶液中的活动性顺序可以通过顺口溜记忆:"钾钙钠镁铝,锌铁锡铅氢,铜汞银铂金。"又如,实验室制取氧气的步骤可以通过首字母缩写来记忆:"茶(查)、庄(装)、定、点、收、利(移)、息(熄)。"具体来说,"查"代表检查装置气密性,"装"代表装化学品并连接装置,"定"代表把试管固定在铁架台上,"点"代表点燃酒精灯,"收"代表收集气体,"移"代表将导管移出水面,"熄"代表熄灭酒精灯。

这些巧妙的记忆方法不仅能提高背诵效率,还能让你在轻松愉快的氛围中掌握化学知识。

余帅说:

> 在理解的基础上记忆所学知识,可以记得更加牢固。所以,在背诵化学公式的时候,应先理解其原理,并通过相关例题、习题加深理解。理解透彻后,再将课堂和课后习题做一遍。如果记不住,就反复练习,直到理解透彻。记住,学习应循序渐进,不可急于求成。

关于化学学习，首先要纠正一个常见的误区，即认为化学作为理科就不需要记忆。实际上，化学考试涉及大量细碎的知识点，如元素属性、化学反应特征及酸碱反应现象等。为了在考场上灵活应对试题，必须全面、耐心地整理笔记并牢记这些知识点。只有通过持续地记忆和巩固，才能在考试中发挥最佳水平。

其次，学习化学时应从知识体系和框架入手。我通常将化学划分为几个主要板块，如化学实验操作、金属元素与非金属元素、氧化还原反应、离子反应及电化学反应等。通过将整本书的内容拆解为几个主题，并梳理每个主题的知识框架，有助于系统地掌握知识。以钠元素为例，我会将它细分为物理性质、化学性质、反应对象、用途、常见化合物及其物理和化学性质、化学反应及应用等方面。

在搭建初步的知识框架后，我们需要通过大量做题来补充和完善它，从而建立起化学性质与实际应用之间的联系。在这个过程中，你会遇到许多新题型和新知识，应及时将它们纳入自己的知识体系中。

到了高三后期，我的化学笔记本已经非常全面了，涵盖了课本知识点以及通过做题补充的内容，基本上不再需要查阅课本。

在构建好基础知识体系后，化学学习还需要大量刷题。通过刷题，你可以了解题目是如何考查知识点的，熟悉常考点和易错点。对于大多数人来说，化学的基础题是可以拿满分的，但往往因为遗漏加热条件、缺少单位等细节而失分。因此，我建议大家总结错题中的易错点和常见陷阱，并在每次做题前回想一遍，提醒自己注意这些细节，确保拿到基础分。

余帅说：

" 学习化学确实需要通过大量刷题来巩固公式、原理等知识点。但千万不要盲目刷题，否则效率不高。对于已经掌握的知识点，不必过多练习。你应专注于那些容易失分的题目，比如刘同学提到的易错题和陷阱题。如果这些题经常出错，可以专门整理一个错题本。"

对于化学难题，我的应对策略是分类整理错题。例如，在实验操作部分，如果突然遇到一个不常见的仪器，我会将它归类到实验板块，并与已学的仪器知识进行对比，明确它所属的知识点。对于复杂的电化学部分，特别是那些新颖的电解反应或原电池反应材料，我会将它们整理在一起。通过不断地积累，我逐渐熟悉了这些新材料的大致用途，再次遇到类似题目时便不会感到陌生。

余帅说：

" 大多数同学做完试卷后不会进行深入分析，导致遇到新难题时束手无策。然而，细心的同学会发现，无论试卷里的题如何变化，但'万变不离其宗'，都离不开书本的基础知识。难题也一样，无论它怎么变，出题源头仍在书本上。所以，多总结可以帮助我们发现出题的规律。
"

在刷题的过程中，做题速度也是一个非常关键的因素。我当时选修了有机化学（选修五），但在练习时常常因时间不足而无法完成最后一道题。因此，平时进行限时训练非常重要。要学会合理分配每道大题的答题时间，并严格控制在规定时间内完成，避免因时间不够而遗漏题目。

在这里，我想强调，做题时一定要设定时间限制，并把每次练习都当作考试来对待。每次做题时保持紧迫感，全神贯注地完成每一道题。此外，在考试中遇到不会做的题时，千万不要停留过长时间。正确的做法是先将所有题目做完，然后再回头去解决那些难题。这样可以确保你在有限的时间内获得更高的分数。

余帅说：

"
限时训练非常重要，以避免遇到考试时间不够用的情况。所以，平时应进行限时训练，如果在平时都无法做完题目，考试时在高压状态下结果可想而知。刘同学提到的将平时练习当作考试来提高做题的紧迫感，是非常有必要的。平时练习应确保至少留出5—10分钟的时间，因为正式考试时，你很可能会因紧张而速度减慢。为了确保考试时万无一失，平时就要提高做题的速度。
"

如果在考试过程中碰到难题，建议大家先跳过。我以前就因纠结难题而浪费时间，最终发现时间不够用。所以，平时应养成先做易题再攻难题的习惯，以减少失分。

05 如何利用课本和教辅资料

众所周知，化学的知识点琐碎繁杂，教材中的每一处内容都不容忽视，包括拓展内容、标注和小字部分，都有可能成为考试考点。所以，必须深入理解教材的每个细节。此外，需要注意的是，有些考试中涉及的知识点并未出现在教材上，而是来源于教辅材料或老师的讲解。

在化学和物理学习中，教辅材料的重要性不言而喻。我推荐两本实用的化学教辅资料：《教材帮》和《高中化学基础知识手册》。前者适合日常学习，后者适合高考复习阶段使用。

高中化学教辅资料的厚度通常是化学教材的两倍以上，内容详尽但信息量大，可能会让人感到难以消化，所以被束之高阁。尽管如此，其中的每一个知识点都值得重视，建议全面阅读并记忆。

在我看来，优质的教辅资料是高中化学学习的重要资源，甚至可以说是"知识宝库"。它不仅涵盖了教材内容、老师的讲授重点，还汇总了常见的易错题和难题。虽然部分内容可能显得冗杂，但它的确能帮你系统地掌握化学知识。

> **余帅说：** "你可以尝试以化学老师的视角备课和讲解题目，可以更深入地理解教辅资料的作用，并学会合理利用它。我在大学期间去辅导班当老师的时候，才意识到站在出题者角度，很多知识会变简单。特别提醒大家，不需要购买过多的教辅资料，选择最适合自己的即可，也可以咨询老师的意见。"

06 我的化学学习心得

首先，虽然记忆化学知识点非常重要，但仅仅记住它们只是第一步。深入理解知识才是学习的核心目的。化学学习是一个不断重复记忆并深化理解的过程。例如，当你记住了某个元素的化学性质后，遇到该元素的化学反应时，就能根据已有知识推断出反应结果。

其次，构建知识点体系至关重要。那么，如何构建知识体系呢？我通常将化学分为几大板块，如无机化学、有机化学、实验化学等。在每个板块中，我还会进一步细分。以钠元素为例，我会将它细分为物理性质、化学性质、用途等。这样的分类方法既便于记忆，也便于我们在解题时快速查找相关知识。构建知识体系不仅需要在阅读教材时进行分类整理，还需要在做题的过程中不断补充和完善。通过做题，我们可以将教材中的理论知识转化为实际应用，清晰地展现各知识点之间的联系，并及时发现并补充自己理解不够深入或遗漏的知识点。

关于考试的注意事项，我认为每个考生在做题过程中应主动发现并记录自己的易错点，针对这些问题进行专项复习和纠正。同时，我们还应该注意总结出题人可能设置的陷阱，避免因粗心失分。通过这种方法，我们可以逐步提高答题的准确率。

每次做题前，建议回顾已总结的易错点，提前规避潜在的错误，从而提高答题效率和准确性。记住，每一分都可能决定你的最终排名，因此不可忽视任何细节。

此外，做题时要讲究策略。合理分配时间是关键：简单题目如选择题可控制在一两分钟内完成；复杂的题目如计算或推理题可以分配五到十分钟。这样既能确保自己在考试中高效完成所有题目，又避免因某道难题耗费过多时间而导致漏题。如果你能有效管理时间，就能充分利用考试机会，争取获得更高的分数。

> **余帅说:**
>
> 刘同学提出为每种题型设定解题时间,这是一个提高做题速度的好方法。你拿到试卷后,就能明确知道各类题型所需时间,以及留出多少时间处理难题、检查题目等。如果选择题做得较慢,可能意味着试卷难度较大,这时可以跳过难题,先做填空题,以此类推,最后解决难题。

最后,我想分享一下我对高中化学知识点的详细分类规划:

- 金属及其化合物
- 非金属及其化合物
- 物质结构与元素周期律
- 原电池
- 化学实验基础
- 化学反应热效应
- 化学反应速率与化学平衡
- 离子反应与平衡
- 原子分子的结构与性质
- 晶体
- 有机化学
- 大分子与高分子

通过这样的分类,我们可以更系统地学习和复习化学知识。每个类别的知识点可以进一步细化和整理,帮助我们更好地理解和记忆。

最后，祝愿大家在化学学习和高中学习中取得长足进步。高中只是人生中的一个阶段，不要妄自菲薄，要相信自己的能力和潜力。祝愿大家在高考中取得优异的成绩，更重要的是，希望大家能为自己的人生提交一份满意的答卷！无论未来如何，保持对知识的热情和对生活的积极态度，都是我们不断前行的动力。加油！

竞赛受挫后逆袭，清华学长教你半年提分100+的妙招

学校：清华大学

姓名：柳振宇

2015级　内蒙古自治区　全国生物竞赛银牌

我来自内蒙古自治区包头市的一个普通家庭。高考成绩并不突出，总分640分，在清华学子中属于较低水平。具体来看，我的语文成绩不尽如人意，数学和英语也刚过140分。与大多数清华、北大的学生相比，我的成绩确实存在差距。然而，正是因为在全国生物竞赛中获得银牌，我享受了清华大学降60分录取的优惠政策，最终成功进入清华。顺便提一句，当时我还可以享受武汉大学降至一本线下10分录取的优惠政策。

我的故事能出现在这里，主要有两个原因：其一，我的高考成绩是在这样的情况下取得的——高中三年，我有一年半的时间几乎全身心投入竞赛学习，近乎脱产；其二，与其他优秀的同学相比，我的成绩跨度更大，更能理解成绩进步的意义，也更贴近大多数同学的实际情况。

01 一切开始于兴趣

我选择竞赛之路，原因其实很简单：一是我从小就对生物感兴趣。从三四岁开始识字开始，我就喜欢看带图片的书籍，当时家中这类藏书大多是与生物相关的，比如科普读物，甚至外公的医疗知识手册里的插图也能吸引我。因此，我对生物学习一直充满热情。二是当时的竞赛升学政策比较优惠，省一等奖最后一名也能获得复旦、同济等名校的保送资格。对我来说，尽管成绩不算顶尖，但通过竞赛进入名校的机会似乎更大。

当时，我的生物老师恰好是学校的竞赛教练之一。在她的鼓励下，我带着这些期许和家人的支持开始了竞赛学习。尽管一路上历经波折，但最终取得了一个比较满意的成绩：我代表学校时隔五年再次进入省队并且斩获了校史至今唯一一枚国赛银牌。也许有些强省的同学可能觉得这样的成绩不足为奇，但考虑到当年的金银牌总数比现在少一半还多。即便在获奖名额大幅扩招的今天，内蒙古队在生物竞赛上的最佳成绩依然是银牌，因此我为自己取得这样的成绩深感自豪。然而，事情并没有在我取得竞赛成绩后一帆风顺。回归高三生活之后，我反而遭遇了比许多人更沉重的打击。

02 要勇于坚持自己，正确面对得失

熟悉高中生物竞赛的同学都知道，全国决赛每年8月举行。当时，学校乃至整个内蒙古自治区都没有完善的竞赛培训体系，

我又是从高二开学才开始全身心投入生物竞赛学习。也就是说，这些成绩是我用牺牲了将近一年半的课内学习时间换来的。根据当时的政策，我还需要参加高三上半学期末的学科营考核，以获得降分录取的资格。学科营的考查内容依旧与竞赛相关，于是在接下来近半年的时间，我不得不继续保持半脱产状态学习。由于这种情况，我有很多课程内容没有学习，成绩自然不理想。

那时，我是学校生物竞赛校史的第一人，是我们那一届学生在竞赛领域的代表，现在这些荣誉却变成了无比沉重的负担。我始终担心，如果我的成绩一直如此，那些不太重视生物、不太支持竞赛的老师，会在未来几年里对学生说："搞竞赛的不过如此，看看当年的那位同学，竞赛成绩好又有什么用？"如今，参加竞赛的优惠政策已远不如当年，想要进入985高校的前列，基本需要获得省队级别的成绩。而为了达到这一目标，所耗费的精力对大多数人来说性价比极低。所以，除非你本身学习成绩不错，并且所在的高中是具有竞赛培训传统的省级强校，否则我不建议同学们轻易尝试。在当下这个时代，只有当你投入巨大的精力之后，竞赛才有可能带来一些并不稳定的成绩回报，因此，大家一定要慎重考虑。

当我顶着老师和同学们质疑的声音坚持复习并在年底获得清华大学降低60分的录取资格之后，压力反而更大了。如果我最终没能达到分数线，那么之前所有的努力似乎都失去了意义。尽管事后看来，这些心理压力大多是自己施加的，但不可否认的是，我的心态受到了很大的影响。

03 要无条件地相信自己，低谷期才能反弹

也许大家难以想象，在考场上连笔都握不住是怎样的体验；更难以想象，一个最后考入清华北大的学生，在高考仅剩半年时，会考出如此糟糕的成绩。然而，现实就是如此：在高三上学期期末的全市联考中，我在数学与理综考试时，因压力过大，双手冰凉颤抖不止，连一个字都写不下来。由于我有将近一年半没在学校上课，语文和英语尚可凭借平时的积累完成考试，但数学和理综至少有40%的内容是我从未学过的。当数学考试开考一个小时，我连选择题都没做完时；理综考试时间仅剩半个小时，我才刚做完选择题，我的大脑无比清醒地告诉我：剩下的时间我应该立刻去做后面任何会做的题，能多得一分是一分。可我的双手却完全不听使唤，那种绝望感至今历历在目。最终，我一个字都没能再写下去。那次考试，我的成绩是上高中以来最差的一次——534分。距离高考仅剩半年，我的父母只能尽量不给我更多压力，说不出什么鼓励的话；学校里老师和同学的目光更是让我无地自容。这是我学习生涯中从未遭遇过的重创。

也许有人会觉得事情并没有那么糟糕，毕竟我还有武汉大学的录取政策保底，竞赛成绩也是不容否定的，甚至530分以上的成绩在不少人眼中已经很不错了。但那时的我让自己背负了太多的压力，更何况"登高易跌重"，这种巨大的落差足以摧毁一个人的信心。在高三最后半年的重重压力下，重拾信心难如登天。更何况，当时我不仅缺乏信心，中学阶段的许多知

识已出现"断层",而半年时间实在太短,我的命运似乎已成定局。

故事讲到这里,我想绝大多数人都会认为我考上清华大学的希望已然破灭,会老老实实度过最后半年,接着凭借高出一本线的成绩去武汉大学读书,甚至有人觉得我会被这股重压击垮,从此一蹶不振,或者自甘堕落,最终落得个一事无成的下场。

事实上,这种推测十分合理,凡是经历过高考的学生,都深知高三的艰难。<u>我确实有充分的理由降低对自己的要求,然而,我最终实现了"逆风翻盘":仅仅用了半年时间,我的总成绩提高了100多分。要知道,在整个高中阶段,我的数学成绩一直徘徊在90—110分之间,而在高考时,我却实现了唯一一次140分以上的突破。也正因如此,我才有底气在众多优秀的清华学子中昂首挺胸,在这里讲述我的故事。</u>

余帅说:

"我经常探访名校,并与众多名校学生交流。像柳同学这样半年成绩提升100分的情况并非个例,甚至还有人能提升200分。我上大学期间曾辅导过一个高三学生,当时她的数学成绩仅有23分。我为她制订了一整套数学试卷的答题规划,经过三个多月的辅导,她高考数学考了97分,成绩提升了74分,顺利地考入大学。"

听到这里，也许你会认为我的经历只是个例，是时运和天赋造就的，觉得越是传奇的故事越难以复制。但我想说的是，相比那些天赋极高的学生，我更能体会那些天赋不佳或者基础不牢固的同学的处境。而众多自幼天赋异禀的学生可能很难理解这种感受，他们觉得取得好成绩轻而易举。经过反思，我相信我总结的方法虽然不一定能助你考入清华、北大，但一定能帮你更好地规划学习生活，遇到更好的自己。

04 半年总分提升了 100 分——我的提分"独门秘诀"

短短半年，我总分提升了 100 分，其中数学成绩提高近 40 分。这不禁让人想问，我是不是掌握了什么"独门秘诀"，让我能省时省力地踏上学习捷径呢？

答案显然是否定的！如果大家真的想提高成绩，首要之事就是端正自己的学习态度。"书山有路勤为径"，这句话绝非空谈，任何成功都不是靠讨巧、走捷径获得的。为什么我能在最后半年实现如此大的进步？很重要的原因就是我不但完成了学校布置的所有任务，而且每周还坚持额外做三套数学模拟卷和理综模拟卷，从未间断。倘若没有这样的学习强度，如此提升根本无从谈起。因此，我首先要奉劝大家的就是脚踏实地、刻苦学习。

不过，如果我仅仅是通过堆砌时间与练习来提高成绩，我也不敢自信地在这里和大家分享。我想告诉大家的是，即便你在半年内完成了同样的题量，甚至更多，你进步也可能有限。我之前提到的"欠得越多，补得越多"，并非虚言。但对于许多人来说，问题不仅在于未学完知识，还在于做了很多"无用功"。你是否经历过刷题无数但成绩依然停滞不前的窘境？是否遇到过时间不足，总是做不完题目的困扰？是否明知遇到难题应先跳过，却屡次被难题绊住脚步的无奈？我接下来将教大家如何应对这些问题。

> **余帅说：**
> "每次我和别人聊起这个数学三个月提升74分的事例时，很多人都会夸我：'余老师，你好厉害！'其实并非我有多厉害。要知道，这位同学提升的74分，基本来自基础题。比如数列、导数、空间几何的第二大题这类题目，在补课期间我一概不教。因为我很清楚，在短短三个月内，哪些题目的分数可以争取，哪些题目的分数只能舍弃。正如刘同学所说，要把力气用在有意义的地方。"

05 规划——知彼

我们首先要讲的就是"规划"。在这个规划里,既要对试卷题型烂熟于心,还有最为重要的一点:答题时间规划。我们先来说试卷题型,以高考全国乙卷数学为例,我们来分析一下这份试卷的命题特点(图27、表2)。

通过上面的分析,大家可以看到,<u>进行有效的试卷分析,不仅要了解试卷题目数量,还要掌握各部分的权重和分数、难度分布等</u>。实际上,我们还可以进行更加深入的分析,比如每一部分难度的上限和考查的知识点等,但由于篇幅限制,不再详述。大家可参照示例进行分析,了解考试题型是我们规划的第一步。

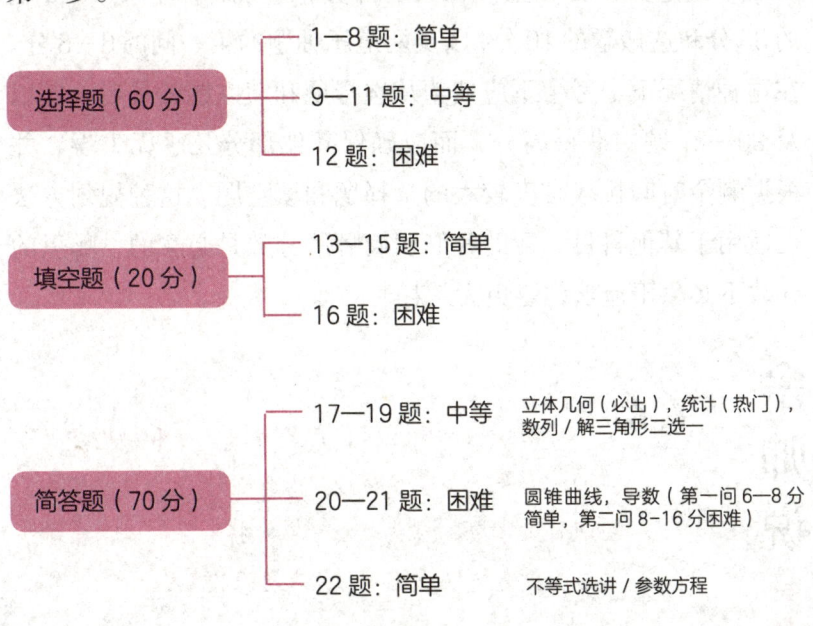

选择题(60分)
- 1—8题:简单
- 9—11题:中等
- 12题:困难

填空题(20分)
- 13—15题:简单
- 16题:困难

简答题(70分)
- 17—19题:中等　　立体几何(必出),统计(热门),数列/解三角形二选一
- 20—21题:困难　　圆锥曲线,导数(第一问6—8分简单,第二问8-16分困难)
- 22题:简单　　不等式选讲/参数方程

图 27

知识板块	分值	知识板块	分值
三角函数	5—10	解三角形	10—12
数列	10—12	概率	0 或 5
立体几何	17+	不等式或参数方程	10
集合	5	统计	12
复数	5	其他部分	—

表 2

掌握这些信息后，我们可根据个人实力进行有针对性的安排。比如，一名考生的目标是 120 分，且在圆锥曲线和导数题目上实力不足，那么他应规划在选择题和填空题中获得 65—70 分，即不考虑选择题和填空题的最后一道题，确保倒数第二道不错过大部分分数。在大题部分，应确保拿到 17—19 题的 36 分和选做题的 10 分，以及两道压轴题的第一问的 6—8 分。在这种情况下，考生不应期望从选择题和填空题的最后一题以及 20—21 题中获得高分，而应确保其他部分几乎无失误，并根据剩余时间挑战难度较大的选择题和填空题。这种规划方法也适用于其他科目，帮助我们明确哪些分数是必拿的，哪里的分数不必急于追求，避免无效耗时。

余帅说

"当初我辅导学生时，用的方法几乎和柳同学是一样的。首先，帮学生梳理了数学选择题和填空题中哪些题目该拿分，哪些可以放弃。将有限的时间集中投入这些更有把握的题型上，才是明智之举。"

常言道："知己知彼，方能百战不殆。"如果你按照前面的建议去做了，那么可以说已经做到了"知彼"。接下来要做到的则是"知己"。

06 规划——知己

前面提到过两个问题：为什么我们的做题时间总是不够？为什么我们总是无法及时从难题中抽身？虽然很多同学不像我当年那样面临特别大的精神压力，但时间不足和深陷难题的困境却是普遍存在的问题。

在这里我分析一下心理层面的原因：在考场上，我们遇到有一定难度的题目，可能是在简单题或中等难度题的部分。此时，尽管我们觉得自己有能力做出这道题，但内心还是会怀疑自己：究竟是这次的题目太难，还是我粗心大意？在这种困扰下，我们往往无法及时"断舍离"，从而白白浪费了宝贵的时间。若是在高考考场上，这种状况甚至导致自乱阵脚，最终功亏一篑。

其实，这两个问题的根本原因是对时间的规划不合理，甚至很多人根本就没有规划。一些考上清华、北大的学生天赋极高，或许不需要规划；另一些学生则可能认为反正做不完题目，也就无所谓规划。如果你没有这方面的规划，就不能算真正地了解自己，更称不上明智。

那么我是怎么规划的呢？首先，我针对刷题给出一些建议：刷题时，应选择高考综合模拟卷，而不是某一板块的专题卷。而且，在做这种成套试卷时，不要利用零碎时间，而要拿出和高考时长相同的整块时间来完成。至于零碎时间，可以用来做学校提供的零散题目或者专题卷等。只有这样，我们才能在时间把控、心态调整及精神专注度等方面更好地模拟高考情境。其次，在做题过程中，我们要结合之前对题目内容和难度的划分进行分别计时。这里，仍以全国乙卷数学为例，如图表3所示。

题目	用时	题目	用时
选择1—8题	35分钟	选择9—11题	15分钟
填空13—15题	15分钟	简答17题	15分钟
简答18题	15分钟	简答19题	15分钟
选择题22题	10分钟	简答20—21题第一问	10分钟
选择12题+填空16题	20分钟	共计	150分钟

表3 根据难度划分板块后统计用时示例

说到这里，可能有人会问：高考数学只考120分钟，为何这里却计时到了150分钟？确实如此，如果我们按照这种节奏做题必然会超时。但在日常刷题时，我们应先完成自己能力范围内的题目并坚持计时。题目做完之后，再反思时间规划是否合理。比如，从上面的案例来看，我们在选择题、填空题的简单题部分花费时间过多，17—19题的大题也是如此。进一步分析后会发现：17—19题每题12分，用时却达到15分钟；而前面的选择题、填空题，平均每题用时不到5分钟。如果能力不足，我们显然应优先保证选择、填空题的正确率，同时设法提升17—19题的做题速度。等做题速度提升后，再进一步调整策略。经过多次计时练习，我们就能根据自身的实力和做题时间，合理调整自己的答题顺序，明确在常规难度下完成各部分题目的合理时间。这样一来，一旦在考场上发现自己超时，我们就能凭借之前积累的数据，自信地判断：这次超时是因为题目难度提升，而不是自己疏忽。于是，我们就能果断放弃纠结的题目，避免被一两道题绊住脚步。只有做到这些，我们才能真正称得上"知己知彼"。

如果你对文字足够敏感，你可能会发现我在前面提到的"以免被一两道题绊住脚步"，而不是"以免被一两道难题绊住脚步"。实际上，真正影响我们心态的题目往往不是压轴难题，而是那些在我们能力范围内、稍有点难度的题目。很多时候，我们会因为漏掉某个题目条件、看错数字等低级错误而失分，事后才发现这些题本应在能力范围内完成。因此，我们要养成自己检查试卷的习惯：首先是在做题过程中随时检查每道题；其次在遇到疑难问题时，立刻重新审题或者重新做题。这样做往往能最大限度地避免失误。

综上所述，当我们既有清晰的规划，又养成良好的检查试卷的习惯时，自然能够显著提升成绩，避免因失误而丢分。这样，我们就能确保基本水平，正常发挥，并持续提高。最后再次强调，成功非一日之功，我们需要投入充分的时间与精力，并将精力集中在关键点上。如此一来，考上心仪的大学便充满希望。